金沢の景二〇二二
―花を主として

酢谷琢磨著

はじめに

著者は令和三年（二〇二一）金沢市兼六園梅林の梅を撮影するにつれ、これをスライドショーにと思い撮影を重ねた。一月、二月と経過すると写真も纏まってきたので、これを一枚の写真に付き四〇〇字詰め原稿用紙二枚で紹介できたらと思い立った。又、四季金沢を訪れる観光客向けのガイドブック的要素も含めようと考えた。

従って、本書は主に金沢市に自生する植物紹介であるが、その他名所、旧跡、大学、お菓子等について、著者が撮影した写真の解説を目的とする。

この枠組みのもとにオムニバス風に第一章から第一二章まで各月毎に章立てし、各月同程度の頁数で記述する。即ち、第一・二章は兼六園梅林梅、第三章はこの年の開花が早かった桜、第四章はツツジ、第五章は医王山鳶岩、第六章はアジサイ、第七章は梅林ハンゲショウ、第八章は秋の七草オミナエシ・フジバカマ、第九章は中秋の名月と曼珠沙華、第一〇章ホトトギス、第一一章兼六園山崎山紅葉、第一二章歳末風景が描写される。

尚、旧字体は新字体に、旧仮名遣いは現代仮名遣いに変換した。但し、姓名・古文書、及び書籍名における旧字体は表示通りとした。

更に、博士等尊称は本文では省略した。お許し願いたい。

それでは第一章一月から始めよう。

目次

第一章　一月

兼六園梅林ロウバイ

令和三年（二〇二一）の冬は暖冬であった。即ち三、四〇年前であれば一一月末に霰で路面が真っ白になり慌てて車のタイヤを冬用に替えたお覚えがあり、遅くても一二月には初雪が降った。所が、二〇二〇年一二月は雪が降らず、二〇二一年一月五日は雨で、翌日兼六園梅林に蝋梅を見に行くと、往事は四亭の一つで桜ケ丘にあったという舟《ふね》之《の》御亭《おちん》脇に雨滴に濡れた一輪の蝋梅が開花。図はこの日の写真である。

蝋梅は、以前SNSで「蝋梅が咲きました」との投稿があり、兼六園梅林へ見に行くと金沢でも咲いていたことがあった。即ち、一月に金沢で蝋梅が咲いてもおかしくはない。

『原色牧野植物大圖鑑』によれば、「ロウバイ、中国原産、後水尾天皇の時代に朝鮮から渡来し、鑑賞用に栽植している落葉低木。花は冬、葉の出る前に良い香りの花を開く。和名は漢名蝋梅の音読み、花色が蜜蝋に似ていることに基づく」とある。即ち、日本古来の梅は［サクラ属］、蝋梅は［ロウバイ属］であり、種類が違う外来種なのだ。従って、形も古来の梅とは異なっている訳だ。

さて、それでは蜜蝋とは何だろう。『広辞苑』は、「蜜蜂の巣を加熱・圧搾して採取した蝋」との定義。蜜蜂の巣を圧搾して黄色に成るのだろうか。ＷＥＢ「ミツロウキャンドルakarizm―アカリズム―」では、「ミツロウは分泌されたばかりの時は、透明。そして精製されると白。花粉が混在すると黄色」とある。成程、花粉が混在すると黄色、しかもこの黄色の色合いも花の種類や花粉の量で変わるそうだ。

蝋のように透明感溢れる蝋梅。北陸の冬真っ先に咲くサザンカと共に、冬を飾り、春を招き寄せるかに咲く蝋梅である。

兼六園徽軫《ことじ》灯籠雪景色

暖冬で雪が降らないのかと思っていたら、やはり北陸の冬。一月七日から降り始め、一月八日には一〇㎝程積もった。今冬最初の雪だから昼頃には溶け出すと予想し、朝九時兼六園へ出掛けた。兼六園開園時間は八時である。随身坂から内橋亭の方へ向かい、唐崎の松の雪吊りを撮影しようと思ったが、雪吊り上の雪は未だ少ない。それではと徽軫灯籠の方へ移動する。虹橋手前、内橋亭を望むポイントで撮影したのがこの画像だ。兼六園は雪がよく似合う。

この徽軫灯籠は、過去倒された経緯があり、現在は複製なのだが、『兼六園全史』によれば「昔は両脚とも同じ長さであったが現在は短い方の脚が石にかけられ、長い脚だけが水中にある。（中略）粟が崎の豪商木谷藤十郎が藩主に献上したものと伝えられるが、実際は島崎家よりの献納である」とある。即ち、昔は両脚同じ長さであったようだ。又、私の同僚であった向粟が崎在住島崎さんを知っているが、文脈から判断すると彼が島崎家の後代当主だったのかもしれない。

次に、難しい漢字を用いている徽軫灯籠（琴柱灯籠）を考察しよう。先ず、「徽《き》」は『諸橋大漢和辞典』では、「琴の軫にまきつけた絃。又、琴節」とあり、「絃」の意である。「軫《しん》」は、「ことじ。琴の絃の枕となるから軫と呼ぶ」とあり、軫一字で琴の絃を支える駒を表す意である。従って、両字を続けた「徽軫《きしん》」は「琴の絃を巻きつける轉手」。「轉手《てんしゅ》」は「絃を巻きつける棒」とあり、絃を巻きつける棒の意に拡大する。兼六園の徽軫は絃ではなく、棒でもなく、絃を支える駒、即ち現代の琴柱《ことじ》を表すのだから、軫《ことじ》灯籠（琴柱灯籠）が正しいようだ。但し、昔は種々の呼称があったのかもしれない。

とにかく徽軫灯籠は兼六園の象徴なのだ。

兼六園瓢池《ひさごいけ》雪景色

文政年間に藩主斉広《なりなが》が掘らせた霞ケ池（以下、霞が池）を後にして真弓坂へ向かう。掘ったその土で築いた山である栄螺《さざえ》山横から三好庵へ降り、瓢池に差し掛かると、ほぼ全面は雪で白濁しているが一部海石塔がある中州付近だけは透明で、雪を冠した木々を写し、見事な水墨画。一月八日の画像だ。

瓢は瓢箪であり、脇を歩いただけではその形を瓢箪と認識できないのだが、よく見ると長谷坂から三好庵に至る形状は瓢箪と言ってもおかしくはない。しかも瓢池（別名蓮池）は新規造成ではなく、文久三年（一八六三）の「巽御殿出来当時の兼六園之図」（『兼六園全史』）にも蓮池門向かって右手に描かれている歴史の古い、蓮池門と関係ありそうな池である。但し、『蓮池《れんち》』は兼六園発祥の地である。池を指すのではなく地名であって、名の起源はかって金沢城といまの園地との間に設けられた百間堀を、尾山御坊の在った頃蓮池堀《はすいけぼり》といっていたことから、これにつらなる今の園地を蓮池または蓮池の御庭と呼んでいたのである（『兼六園全史』）」とあり、別名蓮池は便宜上であり、本来は瓢池が正しいようだ。

さて、瓢池中州には苔むした海石塔がある。これを背景の翠滝と共に写すと垂直が合わない。海石塔は斜めに立っているのだ。しかしながらこの塔は、『兼六園全史』によれば、「加藤清正が朝鮮征伐の折に持ち帰り豊臣秀吉に献じたものを、後に、秀吉が藩祖利家に贈ったものと伝えられている」とのことで由緒正しい塔なのだ。但し、「笠石は虫喰石、宝珠は戸室石で作られている」とあるが、朝鮮に戸室石はないだろうから、宝珠は金沢で戸室石を用いて作り直したのであろう。

雪がよく似合う瓢池であった。

玉泉院丸庭園雪景色

瓢池から路面が筵で保護されているとはいえ下りで滑り易い真弓坂を降りてきた。玉泉院丸庭園はどうだろうかと思い直し、我々が学生時代はテニスコートであり、ここで体育の授業を受けた覚えのある旧石川県警中署裏・旧婦人会館裏・旧石川県庁裏の宮守《いもり》堀沿いの道を玉泉院丸に向かった。玉泉院丸庭園正面休憩所「玉泉庵」に立つと中央の丸木橋には雪が冠し、橋の袂の雪吊りを施した木が凛と北陸の冬を演出。立派な墨絵であった。一月八日の画像だ。

学生時代石川県体育館・理容美容専門学校であった場所は、実は二代加賀藩主利長の正室で、織田信長の四女である永姫（法号玉泉院）官舎の地である。即ち、『金沢古蹟志（上）』では、「玉泉丸は古之を西ノ丸と號す。慶長十九年瑞龍公薨後、玉泉院は越中高岡にて剃髪し給ひ、金澤に来り、假に新丸なる横山大膳の家に寓居し、其の間に西ノ丸に官舎造営ありて、八月移徙あり。是より西ノ丸を改號ありて、玉泉院丸と称す」とのこと。即ち夫の死後高岡から金沢に帰り余生を過ごした地が玉泉院丸なのだ。元和九年（一六二三）玉泉院逝去し、屋敷が撤去されたのだが、この地を後々迄玉泉院丸と呼称したのである。この跡地には厩が建てられたようで、これも取り壊され、我々の学生時代にはこの跡地に石川県体育館・理容美容専門学校及び近くには金沢大学馬術部の部室が建っていた訳だ。厩跡の馬術部部室は適材適所の妙であろう。尚、現在の石川県体育館は稚日野町、理容美容専門学校は三社町、金沢大学馬術部は角間の金沢大学キャンパス内に移転している。

さて、兼六園に加えて名園玉泉院丸庭園の復元により、兼六園・金沢城・玉泉院丸庭園を経由し、これも新たに復元された鼠多門橋を渡り、尾山神社・長町武家屋敷への回遊コースが確立された金沢なのである。

梅林トウジバイ

雪が小康状態となった日、兼六園梅林に梅はどうかと一月八日見に行った。なんと写真の冬至梅が咲いているではないか。名前の通り昨年の冬至の時期にはもう咲いていていたかもしれない。とにかく梅林では一番先に開花する野梅系、白の一重咲き冬至梅は、微かな香りを漂わせ健気に咲いていていた。

梅林については長谷坂を上って、石川県立図書館があったことは記憶にあるのだが、梅林は我々の学生時代には覚えがない。その理由は、『兼六園全史』にある。即ち、「公園事務所横の梅林は竹沢御殿の一部と馬場等があったところである。明治に入って金沢の各種殖産企業につくした長谷川準也の住宅が一時あったが、兼六園広場として各種の野外催しものがされてきた。昭和四四年三月に至り、この広場に以前から周辺に植えられていた梅と併せ梅林を造成した」とある。私事で恐縮だが、私が金沢大学に入学したのは昭和三八年（一九六三）、昭和四四年（一九六九）には大阪に居たのだから記憶にないのは無理もない。

続けよう。「総数二百八〇本で白梅一一種、百六〇本（白加賀、枝垂白梅、飛梅、八重白梅、雲竜梅等）と紅梅一三種、百二〇本（摩耶紅梅、寒紅梅、枝垂紅梅、見驚《ママ》梅、道しるべ等）を大宰府天満宮、防府天満宮、北野天満宮、道明寺天満宮、湯島神社、偕楽園、七塚町、観光協会の協力を得て植樹した。その後、昭和五〇年四月にはロータリークラブの協力を得て、白梅二五本を補植している」とのこと。現在確認できる種もあれば、不明の種もあり、大々的に植樹したようだ。

水戸の偕楽園は約一〇〇品種、三〇〇〇本の梅とのこと。これには及ばないが、冬至梅は金沢兼六園梅林の魁であり、今後開花するであろう各種梅の序奏である。

梅林ヤエカンコウ

金沢の今冬の雪総量は六〇cm程度であったのだが、冬至梅の後続は中々咲かない状態が続いた。野梅《やばい》系、紅の八重咲きである八重寒紅が咲き出したのは、一月二一日であった。雪で傷んではいるが、青空の下鮮やかな紅梅が一輪咲いていた。寒紅梅だけに寒の入りに咲く早咲きであり、文字通り「梅一輪の暖かさ」を実感させる華麗さだ。

さて、ウメはバラ科サクラ属であり、桜の一種なのだ。又、古来花見といえば桜ではなく梅であった。それでは、梅と桜の違は如何に。ウェザーニュース「これを知っていれば簡単　桜・梅・桃を見分ける方法」をベースに記述しよう。

①花柄といわれる花が付いている緑色の軸は梅には無く、桜は長い。即ち、木の枝に直接花が咲くのが梅

で、桜は何本も枝から出た緑色の軸の先に咲く。尚、バラ科モモ属桃は軸が短い。

②花弁については、梅は品種によって若干の個性はあるものの、多くは丸い花弁をつける。桜は品種によって程度に差はあるものの、花弁の先が二股に分かれているのが特徴。先端に切れ込みが入っていて、シャープなハート型をしている。尚、桃は花弁の先がとがっている。これについては桜の花弁でも先が尖ったものがあり、開花時期がほぼ同じ頃の桜か桃かとの判断は難しい。但し、桜の葉は花が咲き終わった頃から茂るのに対して、桃は花と葉が同時なので、これで判定。

③木の幹で見分けよう。梅の幹肌は黒ずんでいてゴツゴツしている。桜は横縞模様。尚、桃の幹肌は白っぽく、斑点模様がある。参考までに、杏は樹皮に縦方向の模様がある。

梅は五枚の花弁が一般的であり、濃桃色、八重の花弁が綺麗な八重寒紅。兼六園梅林紅梅の魁なのだ。

梅林マンサク

満作、又は万作（品種銘板は満作）は雪の残る一月二〇日に舟之御亭脇に黄色の棘が密集したような花が咲き出した。しかし、花が少なく撮影が困難であったため、一月二六日の撮影分である。

この花の名前について、何故「マンサク」なのか、漢字表記では「満」なのか「万」なのか疑問が湧く。この疑問には、「和名満作《まんさく》は豊作と同じく、枝いっぱいに花を咲かせることによる。また早春に真っ先に咲く、の説もある（『原色牧野植物大圖鑑』）」とある。

「早春に先ず咲く」とすれば「先作」であろう。「早春にまんず咲く」であれば「マンサク」が浮上する。そこで、「満」「万」のどちらかを考察しよう。『諸橋大漢和辞典』によると、「満」は、「一杯になる。みちあふれる。みち塞がる」であり、「満作は豊作の意。

穀物のよくみのるをいう」とある。一方、「万」は、「千の十倍。通じて萬に作る。西域では萬の数を表すに卍を用いる。万の字は其の卍の変形である」と解説。「萬」では「数の名。よろず。千の十倍。万に同じ。多い数を示すことば。大きい。さそり」とあり、解字は「さそりの形に象る。又、假借して、数字の万の意に用いる」であり、「萬花《ばんか》」は多くの花のこと。

とすれば、花の数が万の場合は「万作」。花が多い場合は「萬作」、豊に実る意であれば「満作」となる。花が多い「萬作」が適当と思われるが、兼六園事務所では豊に実ることを趣意とし「満作」としたようだ。

尚、満作の属名はHamamelisだが、"THE OXFORD ENGLISH DICTIONARY"のHamamelisを訳すると「北米と東アジア固有の灌木又は低木属マンサク科の植物。冬遅く葉が出る前に黄色の花をつける」とある。兼六園梅林の早春に欠かせない花である。

梅林カゴシマベニ

一月二六日八重寒紅と異なる紅梅が咲き出したのに気が付いた。鹿児島紅だ。真紅の花弁に長い蕊が特徴。鹿児島と名が付くだけあって開花は早い。

著者は、鹿児島へは二度訪れたが最初は噴煙登る桜島に行き、指宿では砂むし温泉に入った。二度目は島津家の別邸仙巌園《せんがんえん》を訪れた。ここでは反射炉跡があり、薩摩藩は大砲制作をも行っていたことに感銘。城山を背景に仁王立ちする高さ八mの堂々たる西郷隆盛像及び大久保利通像も偶然見学。「西南戦争の翌年の明治一一年（一八七八）、紀尾井坂で石川県の不平士族島田一郎らに襲われ、四七歳の生涯を閉じた」では申し訳ない思いでそっと退散したことを思い出す。夜は、黒豚のしゃぶしゃぶに舌鼓を打ち、鹿児島の夜を満喫した。

さて、梅に戻ろう。梅には［Ⅰ］野梅系、［Ⅱ］緋梅系、［Ⅲ］豊後系がある（『梅入門』）。野梅系には①野梅性、②難波性《なにわしょう》、③紅筆性、④青軸性、緋梅系には⑤紅梅性、⑥緋梅性、⑦唐梅性、豊後系には⑧豊後性、⑨杏性がある。紅梅性は、普通にいわれている紅梅で、花色は紅梅で明るい。緋梅性は紅梅のうち、紅梅性のものより紅色が濃いものを区別して呼ぶ。鹿児島紅は緋梅系緋梅性の正統品種である。『梅入門』では、鹿児島紅について、

> 濃紅色の中輪で三重くらい。がくは焦げ紅茶色。しべは赤色で正開し、花底はやや深く緑色。開花期は二月上旬から三月中旬。

とある。

二〇二一年は後述する桜の例の如く、花の開花が例年より二十日程度早い。このため、従来開花期は二月上旬だったのだが、今年は金沢でも一月下旬に開花した訳だ。

梅林アオジク

白梅では冬至梅に次いで開花が早い青軸。白梅はピント合わせが難しい花だが、なんとか蕊に合った一枚。一月二六日の画像。青軸は野梅系青軸性の梅で、『梅入門』青軸性では、

　つぼみが緑色で、枝も日光や霜当たっても紅色とならず、常に緑色で、花は青白色です。

とある。青と緑が混在し、紛らわしい。古来緑児《みどりご》、初夏のモミジを青モミジ等と言い、現代では交通信号を「青」と言ったり「緑」と言ったりする。この原因を考察すると、その根源は「緑青《ろくしょう》」にあると推定する。緑青は「銅に生じる緑色のさび」だが、何故、青が入るかというと、緑とも青とも言える色だからである。従って、最初は「緑青色」だったのが「緑」と「青」に分離して緑及び、青と言うようになった。著者の仮

説である。

尚、旧制四高寮歌《北の都》に「髪は緑の青年が」とある。青は春、即ち「青年」「年が若い」意であり、緑は「つやのある美しい黒髪」の謂である。

さて、この白梅青軸は兼六園梅林には沢山あって、白梅の雄であり、五弁の花弁が清楚で、奥ゆかしい。本年は令和三年（二〇二一）であるが、令和の出典となった、『萬葉集』「梅花《ばいか》の歌三十二首并せて序」における第一番を紹介しよう。

正月《むつき》立ち　春の来《きた》らば　かくしこそ
梅を招《を》きつつ　楽しき終《を》えめ　大弐《だいに》紀卿《ききやう》

「終えめ」は、『新訂新訓万葉集上巻』では「竟えめ」とあるが、「竟」はおわる意で等しい。現代語訳は、

正月になり　春が来たなら　こうやって
毎年梅を迎えて　歓を尽くしましょう

正に正月に咲き、兼六園梅林に春を届けてくれる青軸である。

大乗寺坂ヒメリュウキンカ

例年であれば雪が消える二月でないと姫リュウキンカは見られないのだが、本年は暖冬。一月上旬に降った雪は解けてしまっていたので、一月二六日本多町と出羽町を繋ぎ、往時は大乗寺があった大乗寺坂を歩いてみた。やはり、満開ではないが坂の崖っぷちに七、八輪の姫リュウキンカが咲いていた。

リュウキンカは高山植物で、雪解け時尾瀬などでは五月下旬又は六月初旬、白山（二七〇二m）では七月に咲く黄色の花である。但し、姫リュウキンカに比較して花は小さい。一般的に「和名の姫は小型であることをさす」（『APG原色牧野植物大図鑑Ⅱ』）のだが、姫リュウキンカに限っては姫が付くと大きくなる。これも時代の流れだろうか。

さて、曹洞宗大日山大乗寺、私は学生時代現在の長坂町にある大乗寺の日曜参禅会に参加したことがあるが、実は大乗寺は四度移転を余儀なくされた。『加賀大乗寺史』を紐解こう。

吾大乗寺は（中略）加賀押野荘野市字外守《そでもり》に泰澄大師作なる大日如来の大仏堂のある境内に一寺を建立し、大日山大乗寺と称し真言宗澄海阿闍梨を聘して之に住たらしめしに創《はじ》まる。

とある。野市は現在の野々市市であり、大乗寺は野々市に創建された。その後、一旦金沢市木新保に大乗護国禅寺として移転。慶長四年（一五九九）金沢城惣堀修築のため、木新保の寺地収容され、石浦郷（本多氏上屋敷辺）へ移転、更に慶長六年（一六〇一）その寺地高山南坊（右近）に賜り、石浦郷（本多氏下屋敷辺に転地命ぜられる。即ち大乗寺坂の地である。更に、現在の長坂の地に移転したのは元禄一〇年（一六九七）のことだそうだ。

黄色の可憐な群落は雪解け、即ち早春を告げている。

梅林ギョクバイ

一月二八日青軸に次いで玉梅が文字通り梅一輪咲き出した。青軸と似ているが、花弁はやや扁平だ。『梅入門』には玉梅はないが、青軸性に白玉梅《はくぎょくばい》が記載されている。

黄白色小輪の一重で正しく開花しないことが多い。花柄は短く、がくは黄青色。しべは長く、花底は黄茶色。開花期は二月上旬から三月中旬。

とある。「正しく開花しないことが多い」とのことだが、前述の如く「しべは赤色で正開し」ともあり、詳細は第二章で述べる「蕊の位置が真ん中でない」ことを意味するようだ。

さて、玉が付く梅。玉は、『康熙字典』説文では、「石之美《ウツクシク》有ル二五徳一者。」とあり、五徳を有する宝石や美しい石の総称である。五徳とは『字通』によれば

「温・食・恭・倹・譲」である。しかし、よく分からない。具体的には『世界大百科事典』で、玉は「中国で色、光沢の美しい石を玉という。古くからおもに今の新疆ウィグル自治区崑崙山脈のホータンに産し、玉門関を通って中原にもたらされた」のである。玉については台湾台北市国立故宮博物院にある「翠玉白菜」を思い出す。十年以上前のことで当時は勿論新型コロナは存在していなかったため、三密もなんのその、人ごみを掻き分けて見入ったものだ。

TAIPEI NAVI「国立故宮博物院」では、

天然の翡翠と玉の混ざり具合を巧みに利用した繊細な彫刻で、翠玉巧彫の最高傑作と言われています。

とある。ぎょくは宝石であり、白玉・ヒスイを指すのだが、「翡翠と玉」は区別されている。即ち、白菜の緑の部分が翡翠で、白い部分が玉だ。従って、玉梅の花は黄白色で正しい。

玉と名が付き、高貴な感じの玉梅。兼六園梅林では白梅の盟主として燦然と輝いている。

文献

牧野富太郎『原色牧野植物大圖鑑』北隆館、一九八二

「ミツロウキャンドルakarizm―アカリズム―」https://akarizm.com/beeswax/#:~:text=%E3%83%9F%E3%83%84%E3%83%AD%E3%82%A6%E3%81%A8%E3%81%84%E3%81%86%E3%81%A8%E9%BB%84%E8%89%B2%E3%81%A3%E3%81%BD%E3%81%84,%E9%87%8F%E3%81%A7%E5%A4%89%E3%82%8F%E3%81%A3%E3%81%A6%E3%81%8D%E3%81%BE%E3%81%99%E3%80%82

兼六園全史編纂委員会『兼六園全史』兼六園観光協会、一九七六

諸橋轍次『大漢和辞典』巻十、大修館書店、一九八九

森田平次『金沢古蹟志』（上）、歴史図書社、一九七六

ウェザーニュース「これを知っていれば簡単　桜・梅・桃を見分ける方法」https://weathernews.jp/s/topics/202103/100125/

諸橋轍次『大漢和辞典』巻一、七、九、大修館書店、一九八九

J.A.SIMPSON and E.S.C.WEINER"THE OXFORD ENGLISH DICTIONARY"VOLUME VI,CLARENDON PRESS・OXFORD

梅の会編『梅入門』池田書店、一九七三
小島憲之・木下正俊・東野治之校注・訳『萬葉集』②、小学館、一九九五
佐佐木信綱編『新訂新訓万葉集上巻』岩波文庫、一九九八
邑田仁・米倉浩司編『ＡＰＧ原色牧野植物大図鑑Ⅱ』北隆館、二〇一三
舘残翁・下出積與『加賀大乗寺史』北国新聞社、一九七一
渡辺温訂正『標註訂正康熙字典』講談社、一九七七
白川静『字通』平凡社、二〇一七
下中直人『世界大百科事典』平凡社、二〇〇七
「国立故宮博物院」https://www.npm.gov.tw/
TAIPEI NAVI「国立故宮博物院」https://www.taipeinavi.com/miru/5/

第二章　二月

梅林ヒノツカサ

鹿児島紅に気を取られていたところ、二月一日兼六園随身門より入ると曲水があり、その中程に鹿児島紅と同じ紅色が濃い緋色の梅の開花に気が付いた。緋《ひ》の司《つかさ》である。

緋の司は園芸品種の一つであり、緋梅系・紅梅性の濃い桃色をした八重咲きの中輪（花径二〇㎜から二五㎜）である。樹高は三mから六mくらい。幹や枝は斜上する。葉は楕円形で、互い違いに生える（互生）。開花時期は二月から三月。比較的早咲きの品種であり、葉の展開に先立って花を咲かせる（花図鑑「緋の司（ヒノツカサ）」）。

緋の司とは上品な名前だ。この由来は何だろうか。『大漢和辞典』で「緋」を調べると、「あかのねりぎぬ。あか。ひの色」とあり、所謂赤だ。

「司」は「臣司㆓事於外㆒者」とある。即ち、「臣、事を外に於いて司る者」である。外交官かとも思うが、あかのねりぎぬは不明。そこで、『康熙字典』を読むことにする。

「緋」説文新附字では「帛ノ赤キ色。」、唐書車服志として「袴《ハカマ》褶之制。五品以上ハ緋。」とある。即ち、外での仕事を管理する五品以上の臣の袴は緋色であり、これを緋の司と呼び、緋色の梅も緋の司と命名されたと推察する。

さて、紅梅については、『源氏物語』「紅梅」の巻に、匂宮《におう》を三人姫の一人中君《なかの》の婿にと望む按察《あぜちの》大納言が、

軒《(のき)》近《ちか》き紅梅にいとおもしろく匂《にお》いたるを見《み》給《(たまい)》て、「御前《おまえ》の花、心ばえありて見《み》ゆめり。(後略)」

と言う場面がある。ここで、「匂いたる」は『大言海』では、「気色《けはい》、映えて立つ」の意で、「庭先の紅梅が著しく映える」の趣旨。

兼六園梅林の緋の司も著しく映えている。

梅林シロカガ

白梅では青軸が早かった。その後梅林には一番多く植えられている白加賀《しろかが》が咲き出したのは二月一日であった。白く、清楚で、加賀百万石の名に相応しい梅である。本数は多い。しかし、一箇所にまとめて植えてあるのではなく、間を開けてその間に他品種を挟んだ配置となっている。この理由は後述する。

さて、『梅入門』では、「家庭果樹としては、白加賀が最も適しています。花型は完全な単べんであり、白花です。花梅としての品格もある品種です」とあり、「ウメ―ウィキペディア」では、

加賀藩邸に植えられていた白梅、通称「加賀の白梅」が後に「白加賀」と呼ばれるようになったという説があるが、実話かどうかは定かではない。

江戸時代から関東地方を中心に栽培され、現在で

も南高に次ぐ国内梅栽培の主要品種の一つである。耐病性は強いが、貧産性であり、さらに収量の年次変動が激しい。（中略）花は白の一重、雄性不稔性のため受粉樹が必要であり、また他品種の受粉樹には使えない。「梅郷」・「八郎」などが受粉樹として適する。

とあり、雄性不稔性即ち、自分の雄蕊花粉で自家受粉はできないが、近隣の雄蕊花粉を付着した虫媒花による他家受粉でのみ実を付けることができる。

そこで、兼六園事務所に確認した。回答は、「何ら受粉樹を準備していないが、毎年きちんと梅の実ができる」と言う。成る程、前述の如く梅林の白加賀は本数は多いが間隔を開けて配置されていた。これが、花粉樹の配置に相当する訳だ。本年は新型コロナ禍。蔓延防止重点措置指定を受け五月閉園された梅林。五月末梅林横を歩くと撓わに実った梅の実を垣間見ることができた。白加賀は逞しい。

金沢城石川門雪景色

　暖冬と思い安心していたが、やはり北国二月八日は雪になった。二〇cm程の積雪である。一月の積雪時は兼六園と玉泉院丸庭園を撮影したので、今回は、著者の学生時代はキャンパスであり、城内の復元工事も進んでいる金沢城へ向かった。著者が新入生の五月、サークル活動の帰り石川門から石川橋に出て振り返ると門前の水銀灯が新緑を照らし出し、綺麗だったことを記憶している。しかし、緑とは異なる真っ白、正に白銀の世界である。

　さて、石川門附属左方太鼓塀をよく見ると石垣の色が上方途中で変わっているのがよく分かる。『加賀藩資料からみた大地動乱孜』で考察したのだが、「寛政一一年（一七九九）金澤城で石垣破損、安政二（一八五五）金沢城で石垣など破損」という記事がある。そこで、『重要文化財金沢城石川門修理工事報告書』を見ることにする。

石川門は宝暦九年（一七五九）の火事により焼失した後（中略）天明七年（一七八七）二月に改めて石川門石垣の普請が命ぜられ同年十一月に石垣修理が完成した。附属左方・右方太鼓塀を除く建物の方は（中略）天明八年（一七八八）三月に竣工した。（中略）再建がなって間もない寛政十一年（一七九九）には地震により石川門周辺や南門台石垣で被害を受けた。櫓部分は享和元年（一八〇一）に櫓下の石垣に孕《はら》みがみつかり、石垣修築のために解体され、文化十一年（一八一四）に組み直されている。また、この時期に附属左方太鼓塀下の石垣修理も行われている

とある。その後、太鼓塀の建て替え、及び文化財保護委員会の直営工事として石川門の保存修理が行われた。単なる門としては立派過ぎる石川門、金沢城のシンボルである。

金沢城雪景色

金沢城には天守閣はないので、石川門を天守だと思っている観光客にとっては少々物足りないようだ。しかし、城内に入り、五十間長屋を見て感嘆の声を上げる観光客が多い。横に超長い五十間長屋は加賀百万石の象徴である。この金沢城内も白銀の世界。橋爪門前の雪吊りに綺麗な新雪が積もり、見事な雪景色を現出していた。二月八日の画像だ。

さてこの金沢城は、著者の学生時代は金沢大学キャンパスだったが、その歴史を『金沢城公園　菱櫓・五十間長屋・橋爪門続櫓等復元工事報告書』で振り返ってみよう。

天文一四年（一五四五）「惣国中《そうごくちゅう》普請」として石川郡の百姓が動員され小立野台地先端に御堂が建立され、（中略）織田信長が天下統一に向かって覇権を築き始めた戦国末期、織田政権と対立した本願寺教団は、加賀一向一揆に蜂起を呼びかけたので、金沢御堂にも本山から内衆や坊官が下向した。（中略）しかし、信長軍が次第に優勢となり、天正八年（一五八〇）勅命により本願寺顕如と信長の間に講和が成り、十年にわたる信長政権との戦い（石山合戦）は終結した。ところが、加賀一向一揆と戦っていた柴田（中略）勝家は北加賀を制圧すると、金沢御堂（金沢御坊）の地に佐久間盛政（勝家の甥）を城主として配置し北加賀の支配を任せた。（中略）信長政権の重鎮であった柴田勝家が、天正一一年（一五八三）四月の賤ケ岳合戦に敗れると、前田利家が盛政に変わって金沢城主となった。金沢城は利家のもとで本格的に整備され、（中略）天正一五年（一五八七）春までには本丸に天守閣が聳えるまでに整備された。

続編は第六章で述べよう。

梅林コウメ

　白加賀は前述の通り沢山あるので白加賀に気を取られていた。しかし、梅林の奥ばった所に白梅が一、二輪咲いているのに気が付いた。木も最近植え替えたのであろう小さな木である。花は五弁で白加賀とよく似ているが、白加賀より小形だ。二月一二日小梅の画像だ。『原色牧野植物大圖鑑』では、

　果樹として広く栽培されている落葉高木。ウメの変種である。花は早春に葉よりも速く咲き、ウメより小形で径一八～二二㎜、芳香を放つ。果実は一五㎜位で梅雨の頃黄色に熟すが、その前の緑色の果実をとって塩漬にして食用とする。和名は果実がウメに比べて小形なのによる。別名シナノウメは特に信濃の国（長野県）に多いからである。漢名消梅。

先ず、梅と小梅の学名を比較しよう。

ウメ：Prunus mume Sieb. et Zucc.
コウメ：Prunus mume Sieb. et Zucc. var. microcarpa Makino

確かにコウメはウメのvar.即ち、変種である。ここで、『角川大字源』では、梅の漢音は「バイ」、呉音は「メ」であり、ムメは『上代語辞典』では、

> 「梅《メ》」のシナ語にmの音を冠してmmeと呼んだのであるが、mの音を表わす仮名がないので、「う」とも「む」とも書いた

とあり、『水谷豊文先生著本草綱目記聞　二』でも「ムメはウメナリ」とある。prunusは『羅和字典』には「スモモの木」とあり、学名のPrunus mumeは「スモモウメ」と名付けられている訳だ。microcarpaはラテン語でカジュマルの木。春頃には直径一㎝ほどの花が集まって咲くそうだ。これはカジュマルの木とコウメの木との勘違いであろう。Makinoは勿論命名者牧野富太郎を表す。

通常の梅とは異なり、毅然と自己主張する小梅である。

本多の森公園サザンカ

山茶花《さざんか》は昨年末から咲いていた。しかし、綺麗な花が未だであったり、落ちたり、しかも二月上旬の積雪のためサザンカかツバキかの判断が出来なかったため撮影機会を逃していた。

先ず、サザンカと椿の区別を紹介しよう。『カツラマユミ』では、「木の足元を見て花びらが一枚ずつひらひらと落ちているのがサザンカ。花の形のまま落ちているのが椿」とある。これに加えて、「香りのない椿に比べてサザンカは芳香がある」が挙げられる。

雪が消えた二月一二日石川県立歴史博物館前で綺麗な花を見付けた。芳香は感じられなかったが、雪が消えていたため花びらの落下を確認できたのでサザンカに間違いない。写真はこの時の画像である。サザンカは、「常緑小高木。樹皮は灰褐色で滑らか。若枝、葉柄、葉裏の脈上は有毛。（中略）花は晩秋、平開しのち花弁はばらばらに散る。野生では白色だが園芸品は種々の色がある（『原色牧野植物大圖鑑』）」とあり、赤が多いようだ。尚、和名山茶花について、「①ツバキの漢名・山茶に由来するサンサカ（山茶花《さんさか》）の転。②山茶花が音意転換し茶山花（サザンカ）となった（『図説花と樹の大事典』）」とある。

さて、石川県立歴史博物館については、創設之地の石碑が物語っているように我々の学生時代は金沢美術工芸大学であった。所が、その前は、旧金沢陸軍兵器支廠兵器庫であった（『石川県の歴史散歩』『石川県立歴史博物館（旧金澤陸軍兵器支廠兵器庫）保存工事報告書』）。その第五号兵器庫（現在の第三棟）は明治四二年（一九〇九）建造、現在の加賀本多博物館。第六号兵器庫（現在の第二棟）は大正二年（一九一三）及び第七号兵器庫（現在の第一棟）は大正三年（一九一四）建造、現在の石川県立歴史博物館である。

梅林ミチシルベ

野梅系野梅性の道知辺《みちしるべ》。『広辞苑』では、道標・道導と標記される。名前の由来はこの華やかな梅を旅人が道しるべにしたとの説もあるそうだ（「いいね金沢」）。兼六園梅林で「道知辺」を何と読むか観光客に聞いてみると「みちしるべ」と読む人、考え込むので答えを言うと感心する人等がいて興味深い。二月一六日梅林曲水沿いに道知辺の開花を確認した。

『梅入門』には、

紅色大輪の一重で、受け咲きであり、花形正しく貴品に富み、老けるとやや紫紅色となる。非常に明るい感じの花で、がくは茶色、しべは中くらいで、花底は黄色と茶色のものがある。開花期は一月中旬から二月上旬。

とある。明るい薄紅色であり、晴れた日に高所の道知辺を撮影すると花の色が透き通って写真に成らない程の気品さだ。尚、「受け咲き」とは花が平開しない性質をいう。確かに白加賀と比較すると花はふっくらと立体的である。

さて、『萬葉集』「梅花《ばいか》の歌三十二首并せて序」における第四番を紹介しよう。

春されば　まづ咲くやどの　梅の花　ひとり見つつや　春日《はるひ》暮らさん

筑前守山上大夫《ちくぜんのかみやまのうえだいぶ》

「春されば」については、『広辞苑』で、「去る」は「(時・季節などが移りめぐってくる)」とある。従って、現代語訳は、

春になると　まず咲く家の　梅の花を　ひとり見ながら　春の日を暮らすことか

我が家で春一番に咲く梅の花を歌っている。

とすれば、梅は当時已に一般家庭に普及していた。淡い薄紅色の道知辺を含む梅は梅林だけではなく、一般家庭における春の案内人でもある。

出羽町国立工芸館

二月一九日も雪の朝であった。三度目の積雪で、総積雪量は約六〇㎝。昨年の総積雪量は一五㎝程度だったので三八豪雪が嘘のような雪国金沢である。

この雪の日の朝偶然通りかかったところ、昨年東京から金沢に移転した国立工芸館の白壁と緑色の窓枠が綺麗であったのでパチリ。国立工芸館の建物は、明治三一年（一八九八）創立された旧陸軍第九師団司令部庁舎と旧陸軍金沢偕行社を移築したもので、旧司令部庁舎は国立工芸館の展示棟、旧偕行社は管理棟となっている。

収蔵品の中には重要文化財として指定されている鈴木長吉《ちょうきち》の「十二の鷹」等が含まれる。この作品は青銅の地に金、銀、赤銅、朧銀による象嵌、鋳造（『十二の鷹と明治の工芸』「文化遺産オンライン」）された逸品だ。

移築工事を振り返ると、工事開始当初、本多の森公園の能楽堂側に鉄板が敷かれたので、護国神社前から能楽堂を経由して旧陸軍第九師団司令部庁舎を曳家、曳屋《ひきや》工法で移動させるのかと思ったが、さすが無理であったようで、移築であった。しかし、移築にしても解体して寸分違わず再建するのは大変な作業であろう。金沢の大工の優秀さと正確さを実感する。

さて、旧陸軍第九師団の歴史を略述しよう。『石川県立歴史博物館（旧金澤陸軍兵器支廠兵器庫）保存工事報告書』によれば、明治八年（一八七五）歩兵第七聯隊が金沢城内に編制された。明治二九年（一八九六）金沢を含めて六個の師団が増設されることとなり、明治三一年（一八九八）金沢の第九師団が誕生した。旧司令部庁舎は執務室として、また旧偕行社は将校の社交場として使われた。偕行とは「皆行く」ではなく、にんべんが付くと『角川大字源』によれば、「ともに行く」意である。

文献

『実録・石川県史』編集委員会編『激動の明治・大正・昭和全記録実録石川県史1868-1989』能登印刷・出版部、一九九一

金沢神社前リョクガク

兼六園梅林の梅に気を取られていたところ、二月一九日金沢神社前に二本の梅があり、その内の白梅が開花していた。野梅系青軸性の緑萼《りょくがく》（品種銘板記載）である。

『梅入門』では、「青白色中大輪の八重咲きで花べんは波を打っている。蕊の長さは中ぐらいで正開し、がくは緑色。開花期は一月中旬から二月上旬」とある。

「正開」とは「正しく開く」であるが、具体的には何を意味するのだろうか。『大漢和辞典』『角川大字源』『文部省学術用語集植物学編（増訂版）』にも記載はない。

そこで、ＷＥＢで検索すると『白氏文集』に次の記載がある事が判明した。

薔薇正開。春酒初熟。因招劉十九張大夫崔二十四同飲。

「やまとうた」における現代語訳は、薔薇《さうび》正に開き、春酒《しゅんしゅ》初めて熟す。因《よ》りて劉十九・張大・崔二十四を招きて同《とも》に飲む

白居易

即ち、「まさに開く」である。『白氏文集』では確かに、「まさに開く」が適訳だ。しかし、『梅入門』における「正開」を「まさに開く」では意味が通じない。そこで、『中国語大辞典』で先ず「正開」を調べるが、やはり該当熟語は記載されていない。次に、「正」を調べる。そこには①位置が真ん中である．②ちょうど．具合良く．と記載。成る程、『白氏文集』の「正開」は「ちょうど」の意であり、『梅入門』の「正開」は、第一章で述べたごとく「蕊の位置が真ん中である」ように花が開くと結論づけられる。

「正開」で長くなってしまったが、金沢神社前放生池横、池畔には「いぼとり石」があり、その向かい側に咲く緑萼。すぐ横には次節で述べる未開花の淡紅《たんこう》がある。金沢神社前の梅も春の演出に一役買っている。

金沢神社前タンコウ

緑萼の開花三日後、淡紅が開花した。薄紅色が綺麗で、しかも蕊の黄色と見事に調和している。二月二二日の画像だ。淡紅については、『水谷豊史先生著本草綱目記聞　二』に、

心細蕊多　長サ四五分　弁外に出　蕊端赤黄のホコリアリ　一枝数百ヲ開

とある。心は芯であろう。『広辞苑』には「物の真ん中」とあり、花弁の付け根が細いわりには蕊が多い。成る程観察眼は鋭い。一分は三・〇三〇三㎜で、蕊の長さ四五分は一・二㎝から一・五㎝程の長さの蕊を言っている。確かに蕊は長い。蕊端赤黄のホコリアリのホコリについては雄しべの葯か雌しべの柱頭か定かではないのだが、多分雌しべの柱頭を意味すると推察する。

さて金沢神社について略述しよう。金沢神社は兼六園古図では兼六園に含まれている。『金沢古蹟志（上）』では、

此の社は、元竹澤殿圍内の鎮守社なるが故に、舊藩中は竹澤御鎮守と呼べり。中將齋廣卿竹澤殿を造營し、養老所となし給うに付き、文政二年此の地に鎮守社を創立し、前田家の氏神なるを以て菅公の畫像を納め、同年三月廿八日遷座、田井天神の神職高井酋應祭式を勤めたり。爾来四月九月廿五日を春秋兩祭日と定められ、婦人童幼の参拝を許さる。然るに同七年七月齋廣卿逝去せられ、竹澤の殿閣空殿と成り、追々取毀されしかど、鎮守社のみ終に残り、

とある。その後、「明治七年六月十日教部省伺いの上、社號を金澤神社と改稱あり」とのことで現在に至っている。尚、齋廣卿とは一二代藩主前田斉広卿である。

金沢神社は氏子の少ない神社。境内には第九章で述べる北条時敬《ときゆき》の石碑がある。

医王山《いおうぜん》

兼六園の名称由来は、宏大・幽邃・人力・蒼古・水泉・眺望の六勝を兼備するとの意味である。眺望については、旧竹沢御殿を造営した折に初めて掘ったものを、更に掘り広めて現在の池となっている霞ケ池畔の遊歩道に眺望台案内板が設置されている。ここから見ると卯辰山（古名向山、一四一ｍ）が迫って見える。二月二五日の画像だ。視線を南に転ずると医王山（九三九ｍ）を望むことができる。尚、九三九ｍは図の峠（夕霧峠）を挟んで右側に鎮座する奥医王山であり、金沢で意味する医王山はその左白兀山《しらはげやま》（八九六ｍ）である。画像で見ると左の白兀山は奥医王山より高く見えるが、キゴ山（五四六ｍ）方向から見ると奥医王山が高く見える。即ち、近くの山は高く、遠くの山は低く見える。

医王山は昔入山料が必要であったそうだが、現在は無料。石川県側及び富山県側より複数の登山ルートがあり、変化に富んでいる。私は五月雪解けを待って、第五章で詳述する西尾平—大沼《おいけ》—鳶岩—白兀山—夕霧峠—西尾平の回遊コースを歩いている。勿論二月は積雪多き冬山であり、白兀山頂にある高さ二、三mの展望台はすっぽり雪で埋まるらしい。

『石川の山』における山名の由来は、

諸説があるが、次の二説が有力である。一説は養老三年、白山を開いた泰澄大師が医王山に登り、薬草が多いので唐の育王《いくおう》山に因み「育王山《いおうぜん》」と名付けたが、同六年、時の帝元正天皇が大病にかかられたので大師は、この山の薬草を献上したところ快癒された。元正天皇はことのほか喜ばれ、泰澄に神融法師の称号を賜り、山には「医王山」と命名したと伝えられている

山に多い泰澄伝説、その真偽はともかく薬草および山菜の豊富な医王山である。

尾山神社紅梅

兼六園梅林の梅はまだちらほら咲き、摩耶紅の満開はまだ先と予想、二月二六日それでは尾山神社の紅梅はと思って石段を登ると、梅の種類は不明なのだが、兎に角紅梅が四、五分咲き。尾山神社は兼六園梅林より海抜高度が低いので、兼六園より開花進行は早い。

尾山神社には、画像の右手に淋子紅梅、その奥に菊桜がある。菊桜及び前田利家の入城四百年記念に献木された梅である淋子紅梅は未開花。前者は四月、後者は三月開花と予想され、二月開花した画像紅梅は、緋の司か道知辺ではないかと推測するが、定かではない。

さて、ステンドグラス神門が有名な尾山神社は前田利家を祀っていることは周知の事実。しかし、その起源を知る人は少ない。『尾山神社誌』を繙こう。

当社の起源を尋ねると之を慶長四年（一五九九）

卯辰八幡宮創建の時にさかのぼらねばならない。
即ち、利家薨去の年慶長四年に遡る。『加賀藩資料』慶長四年十二月には、
是歳。越中守山海老坂八幡等を金澤卯辰に遷座す。
とある。越中守山海老坂八幡の所在地は現在高岡市東海老坂川田一〇六八番物部神社で、利長の頃は物部八幡宮と称したとのこと。この高岡から遷座した八幡宮に利家尊霊を奉祀したが、頽廃相窮め、立派な神社への遷座が持ち上がった。

そこで、利家の第二子利政の子直之を初代とする前田土佐守家第十代当主前田直信は、「この際町の中央に移転の必要があると考え、金沢城出丸であった旧金谷御殿跡を第一候補地と定めた」。尾山神社の神門は難航の末、明治八年(一八七五)十一月二十五日落成式が執り行われた。ステンドグラスの神門は金沢市の象徴である。

注

花図鑑「緋の司（ヒノツカサ）」http://kyonohana.sakura.ne.jp/blogs/kyohana/2010/02/post-67.html

諸橋轍次『大漢和辞典』巻二、八、大修館書店、一九八九

渡辺温訂正『標註訂正康熙字典』講談社、一九七七

柳井滋・室伏信助・大朝雄二・鈴木日出男・藤井貞和・今西祐一郎『源氏物語　四』岩波書店、一九九六

円地文子訳『源氏物語　五』新潮文庫、二〇〇八

大槻文彦『新編大言海』冨山房、一九八二

梅の会編『梅入門』池田書店、一九七三

「ウメ―ウィキペディア」https://ja.wikipedia.org/wiki/%E3%82%A6%E3%83%A1#:~:text=%E4%BF%97%E7%A7%B0%EF%BC%88%E3%81%97%E3%82%89%E3%81%8B%E3%81%8C%EF%BC%89%E3%80%82,%E3%81%AE%E4%B8%80%E3%81%A4%E3%81%A7%E3%81%82%E3%82%8B%E3%80%82

酢谷琢磨『加賀藩資料からみた大地動乱攷』石川郷土史学会々誌第四六号、二〇一三

公益財団法人　文化財建造物保存協会編『重要文化財金沢城石川門修理工事報告書』石川県、二〇一四
『金沢城公園　菱櫓・五十間長屋・橋爪門続櫓等復元工事報告書』石川県土木部営繕課、二〇〇三
牧野富太郎『原色牧野植物大圖鑑』北隆館、一九八二
尾崎雄二郎・都留春雄・西岡弘・山田勝美・丸山林平『上代語辞典』明治書院、一九六七
武田科学振興財団　杏雨書院編『水谷豊文先生著本草綱目記聞　二』武田科学振興財団、二〇〇六
田中秀央編『羅和字典』研究社、一九八六
城森順子『カツラ　マユミ』兼六園研究発表文集第一号、兼六園研究会、一九九二
李昉等編『太平廣記』五、人民文學出版社、一九五九では、「山茶。葉如茶樹」とあり、
木村陽二郎監修『図説花と樹の大事典』柏書房、一九九六では、ツバキの項で「古語『ツバ』から。ツバは光沢のあるさまをいう。ツバキには『椿』の字をあてるが、これは国字で、漢名は山茶。中国で『椿』はセンダン科のシンジュを指す」とある。
石川県の歴史散歩編集委員会編『石川県の歴史散歩』山川出版社、二〇一〇

石川県立歴史博物館・石川県土木部営繕課編『石川県立歴史博物館（旧金澤陸軍兵器支廠兵器庫）保存工事報告書』石川県、一九九〇
「いいね金沢」https://www4.city.kanazawa.lg.jp/s/11003/kenhana/H27/hana994.html
小島憲之・木下正俊・東野治之校注・訳『萬葉集』②、小学館、一九九五
国立工芸館唐澤昌宏・北村仁美・田中真希代編『十二の鷹と明治の工芸─万博出品時代から今日まで変わりゆく姿』東京国立近代美術館、二〇二一
「文化遺産オンライン」https://bunka.nii.ac.jp/heritages/detail/100200
文部省日本植物学会『文部省学術用語集植物学編（増訂版）』丸善、一九九八
平岡武夫・今井清校定『白氏文集』京都大學人文科學研究所、一九七一
「やまとうた」http://yamatouta.asablo.jp/blog/2010/05/13/5084612
大東文化大学中国語大辞典編纂室編『中国語大辞典』【全二巻二冊】、角川書店、一九九四
森田平次『金沢古蹟志（上）』歴史図書社、一九七六
石川の山編集委員会編『石川の山』石川県山岳協会、一九九八
尾山神社々務所編『尾山神社誌』尾山神社々務所、一九七三
前田育徳会『加賀藩資料』第一編、清文堂出版、一九八〇

第三章　三月

梅林オウシュク

鶯の宿、即ち鶯宿《おうしゅく》は三月になって、兼六園梅林では多分本数は一本だと思われるのだが、少々奥まった所にひっそりと咲き出した。薄紅色のように見える、三月一日の画像だ。『梅入門』では野梅性八重の項に、鶯宿（おうしゅく）として、

　青白色の大輪の八重で、「八重茶青《ちゃせい》」に似ている。つぼみのうちは淡色。開花期は一月中旬から二月上旬。

とある。一方『水谷豊文先生著本草綱目記聞　二』では、紅白間色之類に、「鶯宿梅　ヤマメムメ　チョクシバイ」とあり、紅白の中間色と記載されている。こちらの方が兼六園梅林の鶯宿に近い。尚、第二章で述べた如くムメはウメである。

さて、『萬葉集』「梅花の歌三十二首并せて序」にお

ける第七・一〇番を紹介しよう。第七番は、

青柳《あおやなぎ》　梅との花を　折りかざし　飲みて後《のち》は　散りぬともよし　笠沙弥《かさのさみ》

青柳《あおやぎ》と　梅の花とを　折って髪に挿し　楽しく飲んだそのあとは　散ってもよいわ

飲むまで散るのを待って欲しいと歌う。沙弥といえば、僧に従って修行し、具足戒をうけて正式の僧侶になる以前の人をさすのだが、万葉の時代はおおらかだ。

第一〇番は、

梅の花　散らまく惜《お》しみ　我《わ》が園の　竹の林に　うぐいす鳴くも　少監阿氏奥島《しょうけんあじのおきしま》

梅の花の　散るのを惜しんで　わが園の　竹の林に　うぐいすが鳴いております

金沢で鶯の初鳴きを聞くのは医王山で四月であり、梅は散ってしまっている。従って、「梅に鶯」ではなく「梅にメジロ」が流行のようだ。しかし、太宰府では梅と鶯の鳴き声が同時進行したようだ。

本多公園紅梅

　本多町の淵源本多氏は初代本多安房守政重が前田利長に仕えて三万石を受け、慶長一九年（一六一四）加増して五万石になったのに始まり、上屋敷は現在の石川県立美術館、下屋敷は現在のＭＲＯ北陸放送の辺りである。この下屋敷近辺は、現在本多町であり、通りを挟んだ歌劇座（旧称観光会館）周辺は下本多町で昔の名残をとどめている。本多町の元はプールであった石川県立図書館と元はアメリカ文化センターであった石川県石川中央保険福祉センターの間の道を東に進み、緑の小径《こみち》手前右手が中村記念美術館と耕雲庵。本多公園を挟み左手が旧中村邸であり、画像は本多公園に咲く紅梅である。樹に品種銘板はないので確定はできないが、多分緋の司であろう、青空に映え色鮮やかで、華麗な一輪である。三月三日の画像だ。

『金沢茶道と美術』によれば中村記念美術館は、「清酒『日栄』の醸造元中村栄俊氏の本邸（元車町）が都市計画にかかるので、これを本多公園に移築し、美術館として先代栄助氏以来収集の名器を展示公開」されたもので、昭和五〇年（一九七五）金沢市に移管された。耕雲庵は江戸末期、粟ケ崎の富豪木谷藤右衛門の茶室であったものを譲り受け、清川町に移築し、更に本多公園へ移築したそうだ。

尚、旧中村邸は、元長土塀にあった中村栄俊邸で、昭和四一年（一九六六）本多公園に移築された金沢市指定保存建造物である。

源氏物語』「紅梅」の巻に、

園《その》に匂《にお》える紅《くれない》の、色《いろ》にとられて香なん白《しろ》き梅《うめ》には劣《おと》れると言《い》うめるを、いとかしこくとり並《なら》べても咲《さ》きけるかな

とある。「園に咲きにおう紅梅は香りは白梅に劣っているが、枝ぶりといい花房といいみごとに咲いたものよ」と匂宮はほめたてた。賢くは「りっぱである」の意（『古語大辞典』）。

梅林ギョクエイ

玉梅は一月中に咲き出したのだが、梅林の中程にある玉英《ぎょくえい》が開花したのは三月三日であった。玉梅と比較すると色が白い。「nae-ya」によると、「花は一重で美しく観賞価値があり、果肉は厚く上質で、梅干し・梅酒どちらにも向くそうだ。しかも、自家結実性は高くないため、白加賀のように受粉樹が必要」とのこと。

玉については玉梅で述べたので、旧制第一高等学校第十二回記念祭寮歌について考察しよう。

嗚呼《ああ》玉杯に花うけて　緑酒《りょくしゅ》に月の影宿《やど》し治安の夢に耽《ふけ》りたる　栄華《えいが》の巷《ちまた》低く見て向ケ《むこう》岡《おか》にそそり立つ　五寮の健児《けんじ》意気高し

玉杯は翡翠ではない。黄白色の玉より加工された盃を意味している。緑酒とは、『大修館四字熟語辞典』に「紅灯緑酒《こうとうりょくしゅ》」がある。

意味 として「歓楽街などの華やかなようす。また、華やかな歓楽街で、ほしいままにうま酒を飲み遊興にふけること。また、そのような生活」とあり、新型コロナ禍の昨今、金沢市片町でも人影はまばらとのことで、全く羨ましい熟語だ。構成 として『紅灯』は赤い提灯。ここでは歓楽街の華やかな明かり。『緑酒』は緑色に澄んだ上等の酒。美酒」とある。日本酒の瓶で緑色のものがあるが、瓶の色ではなく、上等の酒は澄んだ緑色のようだ。

一方、『墨汁一滴』には次の用例がある。

「散歩の楽《たのしみ》、旅行の楽、能楽演劇を見る楽、見せ物興業物を見る楽、展覧会を見る楽、花見月見雪見等に行く楽、細君を携えて湯治《とうじ》に行く楽、紅燈緑酒《こうとうりょくしゅ》美人の膝を枕にする楽」とある。正岡子規も緑酒には目がなかった訳だ。

寮歌に戻ると、五寮の健児は治安を夢見、世間の栄華を祈念して歌った。四高寮歌には「名もなき道を行く勿れ」とある。

梅林ベニシダレ

この枝垂《しだれ》梅も梅林中程にあり、撮影が難しい位置に植えられていたので、満足のいく撮影が出来たのはやはり三月三日であった。枝垂は全体を写すと花が小さくなり過ぎ、部分を写すと枝垂状態が分からなくなる。非常に難しい。紅枝垂の花は道知辺に似た淡い赤で、これが繋がり、下に垂れると非常に綺麗だ。

『梅入門』には「梅の品種としては枝だれ性のものが割り合いに多く」に続いて、

枝だれの樹形が美しく、強健である品種として「玉垣枝だれ」(白色八重咲き)「月影枝だれ」(白色の一重・青軸性)「夫婦枝だれ」(白色の一重・実成り性)などがあげられます。(中略)そのほか三〇種あまりの品種があります。

とあり、我々が目にする枝垂は紅梅が多いのだが、白

梅が本来らしい。『水谷豊文先生著本草綱目記聞　二』にも、

シダレムメ　枝垂梅　神無月ト云白梅至テ早シ

と記載されている。

『萬葉集』梅花の歌には、格調高い歌が続くが、恋の歌もある。紹介しよう。

春なれば　うべも咲きたる　梅の花　君を思うと　夜寝《よい》も寝《ね》なくに

壱岐守板氏安万呂《いきのかみはんじのやすまろ》

春なので　道理《どうり》で咲いた　梅の花よ　そなたが気になって　夜《よる》もおちおち眠れないぞ

「うべ」は、現代でも「うべなるかな（もっともなことだなあ）」として使われるが、『古語大鑑』によれば、「～なのだから―であるのももっともな事だ」とあり、「春なので咲くのはもっともだ梅の花」の意。問題は「君」だが、梅の花のみでなく、恋する君をも暗喩する恋歌であろう。

百間堀カラミザクラ

カラミザクラは唐実桜《からみざくら》と漢字表記される。梅にばかり気を取られていたら令和三年（二〇二一）三月八日百間堀にサクラが開花した。この桜は蕊が長く、一見梅にも似ているが、第一章八重寒紅の節で述べた如く何本も枝から出た軸の先に花が咲き、しかも花弁の先が切れているので桜である。金沢の桜は上坂のツバキカンザクラも早いが、カラミザクラが少し早く、金沢一番である。

百間堀の何処かというと、石川橋近くに大正一三年（一九二四）建立された「皇太子殿下御結婚奉祝記念」と書かれた石碑があり、その横である。尚、皇太子殿下は昭和天皇の皇太子時代を意味する。

この桜を撮影すると、背景に金沢城石川門が入るが、被写界深度を深く取り、両者にピントを合わせることは中々難しい。画像はカラミザクラを主とし、石川門を可能な限りのピント合わせした苦心の一枚である。

『桜』では、

国風文化への変化の中で、仁明《にんみょう》天皇の代（八三三―八五〇年）に御所の紫宸殿《ししんでん》（南殿）の庭にある右近の橘と左近の梅のうち、中国産の梅が日本産の桜に代わったといわれている。

従って、上代の花見は梅であったのだが、桜に代わった。これについて同じく、『桜』には、

嵯峨《さが》天皇の代（八〇九―八二三）に、花宴として桜の花を用いて鑑賞しながら詩歌管《しいかかん》弦《げん》を楽しむ宴を催したことが記録されている。（中略）飲食をしながら桜の花を楽しむ様式はこの時代に生まれたと考えられる。

カラミザクラが咲くと後続は茶店通りの最近植えたと思われ、未だ樹高が低い彼岸桜であり、続いて蓮池通りと百間堀の染井吉野が開花する。

梅林ブンゴ

兼六園梅林で中々開花しなかった豊後《ぶんご》。三月九日開花が確認された。白い清楚な梅である。豊後は大分県南部の旧国名であるが、大分県に発祥する梅、豊後梅でもある。

『梅入門』では、豊後系における豊後性の代表品種として豊後が分類され、豊後性について、

野梅性より枝が太く、樹勢が強健で。よく肥大します。葉は大型で丸葉であり、表面に毛が生えています。秋から冬にかけて枝が茶褐色に日焼けし、節が高く野梅性より枝が荒いものです。

花には、梅らしい香りがなく、淡紅色の大輪で、がくは焦げ茶色であり底がツボ型に深いものが多い。

とある。豊後系には一般に遅咲きのものが多いよう

で、兼六園梅林の豊後も開花が遅かった訳だ。
『萬葉集』梅花の歌を続けよう。

年のはに　春の来《きた》らば　かくしこそ　梅をかざして　楽しく飲まめ
大令《だいりょう》史《し》野《や》氏《しの》宿《すく》奈《な》麻《ま》呂《ろ》

年ごとに　春が来たなら　こうやって　梅を髪に挿して　楽しく遊び飲みましょう

現代訳は遊び飲みましょうだが、この歌は飲むことに主眼がある。即ち、うま酒を楽しく飲もうではないか。正に現代の花見は観桜だが、古代は観梅だったのだ。
もう一首、

梅の花　手折《たお》りかざして　遊べども　飽《あ》き足《た》らぬ日は　今日《きょう》にしありけり
陰陽師《おんみょうじ》磯《き》氏《じの》法《のり》麻呂《まろ》

梅の花を　折って髪に挿して　遊んでも　なお飽きない日とは　今日のことだったのだな

優雅で春の喜びに溢れた万葉の世界である。

茶店通りヒガンザクラ

彼岸桜は近年植えられたようで、高さも一・八m程度。しかし、蓮池門から延びる通称茶店通りの中程に、早く、しかも毅然として咲く桜なのだ。三月一二日の画像だ。

文政元年、斎広《なりなが》卿は、此地（兼六園）を占して菟裘《ときゆう》を営むに当り、始めて蓮池亭地（真弓坂より下坂口に至る園の西北部一帯の地及び常盤阜《おか》、桜岡を並称）を併せて、一郭《かく》として楼閣を築き、殿館の竹沢殿と撰名し（『兼六園全史』）た。

即ち、兼六園の前身は竹沢御殿であり、この地を蓮池と呼び、蓮池亭及び楼閣を築き、山を築き、水を引き、泉石林叢の姿態を添え、殿館を竹沢殿と指名したことに由来する。蓮池亭が成り、上の御亭（現在の場所に移築された時雨亭）もできた頃には新馬場があり、奥小将組は乗馬を許されたそうで、茶店通り周辺は馬場だったようだ。

さて、彼岸桜。『原色牧野植物大圖鑑』では、別称エドヒガン、アズマヒガン、ウバヒガンであり、

本州、四国、九州の山地にはえ、鑑賞のため栽培される落葉高木。高さ二〇m、径一mに達する。葉は長さ三〜九㎝、軟毛がある。花は春、葉の出る前に他のサクラより早く咲く。花柄、がく、花柱に毛がある。江戸彼岸、東彼岸は関東のヒガンザクラの意。ウバヒガンは花が葉のないうちに咲くのでウバ（老婆）に歯がないことにかけて名づけた。

とある。やはり、早咲きの品種だ。尚、『桜』によれば、「エドヒガンは千葉県や石川県のように自生集団が確認されていないところもある」とのことで、茶店通りの彼岸桜は貴重な種である。ピンク色の花弁が綺麗な彼岸桜。今後の成長に期待したい。

梅林マヤベニ

兼六園梅林における摩耶紅《まやべに》は、開花していたのだが、この梅は満開になると見事なため、満開を待って三月一五日撮影した。その画像である。

摩耶《まや》（Māyā）夫人《ぶにん》は釈尊の生母であり、涅槃図では右上、もしくは左上の雲に乗り、釈迦十大弟子の一人、阿那律の先導で天上より降りてくる。仏教の祖、釈迦は沙羅双樹の下に横たわり、この世を離れ涅槃に入る時を迎える。この場面を描くのが涅槃図であり、釈迦の母に相応しく気品のある梅である。

摩耶紅は摩耶紅梅ともいわれるようで、「特等大苗専門店すだ農園」では、「摩耶紅梅は豊後系の遅咲きの花梅です。花びらは鮮やかなピンクで中輪の八重咲きです。豊後系の梅は一般的に遅咲きで花径が大きいのが特徴です。この花の終わり頃には染井吉野が咲き始めます。豊後系・豊後性：太い枝と細毛のある丸みを帯びた大きな葉が特徴。秋に葉柄と枝先が紫紅色に色づく」と紹介されている。後述する如く今年の桜の開花は早かったので、「花の終わり頃には染井吉野」の記述は正鵠を得ていることが分かる。

『萬葉集』梅花の歌第二五番を紹介しよう。

春の野に　霧《きり》立ち渡り　降る雪と　人の見るまで　梅の花散る　筑前目田氏真上《ちくぜんのさかんでんじのまかみ》

春の野に　いちめん真っ白になって　雪でも降ってきたのかと　人が見るほどに　梅の花が散る

旅人邸の庭園における落下のさまを、霧のように降る春の雪に見立てている。勿論白梅であり、当時は白梅が主であったようだ。一方、現代の摩耶紅は交配種であろうが、梅林の梅で由緒書があるのはこの摩耶紅のみ。摩耶紅の前で記念写真を撮る人が多いのも当然だろう。

嫁坂レンギョウ

嫁坂《よめざか》は篠原出羽守が娘を本庄主馬《しゅめ》へ嫁がせる時つけた坂である。篠原出羽守一孝は家禄一万五千石を賜り、人持組頭を任じた。篠原氏の邸地は小立野出羽一番丁（その後練兵場、石川県営野球場、石川厚生年金会館を経て、現在の出羽町北陸電力会館本多の森ホールの地）であり、主馬の邸地は主馬町（現在の幸町と菊川二丁目にまたがる地）に当たる。現在の嫁坂は石引四丁目であり、下部の一部が本多町となる。嫁坂にある一民家前における三月一七日連翹《れんぎょう》の画像である。

以前同じ頃この花をミツバツツジと間違えてSNSに投稿したところ、「早すぎる」とのコメントがあり、良く植物図鑑を吟味してレンギョウだと分かった経緯がある。『原色牧野植物大圖鑑』では、

庭に栽植する中国原産の落葉小低木。日本へは天

和年間に入っていた。高さ三m位、枝は長くのび、し垂れて地に着けば根を出す。節を除いて随は中空。葉は単葉であるが、ときに三枚の小葉の複葉もある。花は早春、葉の出る前に開く。果実は漢方薬にする。和名は誤ってトモエソウの漢名連翹をつけたが、新たにレンギョウウツギとした。漢名黄寿丹。

とある。

トモエソウは、「東アジアの温帯およびアルタイに分布し、日本各地の山や野原の日当たりのよい草地にはえる多年草（『原色牧野植物大圖鑑』）」との記述で、花弁がともえ状になっていて、レンギョウとは全く異なる。即ち、現在のレンギョウの漢名は黄寿丹、トモエソウの漢名は連翹だから複雑。

尚、このレンギョウは盆栽サイズで、樹高は低いが、坂道に春の訪れを告げる貴重な種であり、西部緑地公園陸上競技場横でも春を告げている。

蓮池門通りソメイヨシノ

蓮池門通りは桜並木であり、緑っぽい、白っぽい及びピンク色の桜が混在している。その中で兼六園蓮池門前にある、彼岸桜より開花が遅いので多分染井吉野と思われる、桜の開花が一番早い。特に今年は桜の開花が早く、三月二四日の画像だ。

染井吉野は、もともと日本列島に分布していた野生の植物ではなく、ごく近年に広まった栽培植物である。確実な記録は残されていないが、江戸時代末に江戸の染井村（東京都豊島区駒込）の植木屋から「吉野桜《よしのざくら》」として売り出されたとされている（『桜』）。吉野桜はエドヒガン系の桜と日本固有種のオオシマザクラの交配種。最初「吉野」と呼んでいたが、吉野山に多い山桜と異なる種であることが分かり、染井村の名を取り「染井吉野」と命名されたとのことだ。

一方、『原色牧野植物大圖鑑』では、「ウバヒガンとオオシマザクラの雑種であろう。花は春、葉の出る前に咲き、花柄、がく、花柱は有毛」とある。ウバヒガンとエドヒガンは違う種かというと、ウバヒガンは別名エドヒガン、アズマヒガンであり、関東のヒガンザクラの意である。『桜』の記述通り染井吉野は吉野の山桜とは別種なのだ。

尚、「オオシマザクラ」によると、「オオシマザクラは関東以南の島嶼の海岸沿いから山地にかけて多く生育し、その起源は伊豆大島などの伊豆諸島にあり和名の由来となっている」。写真で見ると花の色が白っぽい桜だ。

今年は、金沢における桜の開花は早く、花の色は白っぽかったのだが、蓮池門通りにも花の色がより白い桜が存在する。オオシマザクラに違いない。

画像の染井吉野は綺麗な淡紅色で、石川門前から観光バスが通過する蓮池門通りを華やかに飾っている。

石浦神社桜

蓮池門通りの桜に目を奪われていたところ、石浦神社前を通りかかると、紅色の最近植えたと思われる樹高二m位の桜が目に付いた。三月二六日撮影分だ。

「桜だより」には沢山の桜の品種が紹介されている。該当種を探そう。石浦神社の桜は八重ではないので、一重で、濃い紅色の種を調べる。カンヒザクラ（寒緋桜）、チョウシュウヒザクラ（長州緋桜）、ヨウコウ（陽光）が候補。カンヒザクラは、色が濃桃色で蕊が長い。チョウシュウヒザクラは紅紫色で蕊が短く、花底は薄紅色、ヨウコウは色が薄桃色であり、蕊は短く、花底の色は赤く、その範囲は花弁の中程まで広がっている。

そこで、もう一度石浦神社の桜の画像を見ると、花弁の色は桃色に近く、蕊は短く、花底の赤い部分はほんの底のみといえる。結論は花底の赤の部分が底のみと少し異なるが、ヨウコウの栽培種と推察する。

さて、本多町石浦神社を紹介しよう。

『石川県神社誌』では、「本神社は加賀国石浦村始め七ケ村の産土神で、旧藩時代には俗に石浦山王社或は地主権現と呼ばれ、別当所を長谷山慈光院と号した。社記によれば聖武天皇の天平十一年の創建で、延喜式神名帳に記載されている加賀郡十三座中の三輪神社は実は当社であるといわれる。金沢城地の土地神として歴代藩主の崇敬をうけ、旧藩中家老を始め市中土民の信仰又篤かった。明治元年神仏混淆禁止の際別当を廃し、同二年旧称を除き石浦神社と改称」とある。

『加賀志徴』下編でも、「神明帳に、加賀郡三輪神社。（中略）とあるもの、實は石浦山王地主権現是なりといへり」とあり、石浦神社の淵源は三輪神社なのだ。尚、以前石浦神社は石浦姓サミットを主催していたようであり、延喜式記載の由緒正しき神社なのである。

石引二丁目慶恩寺シダレザクラ

　フェイスブックに「金沢大好き」というグループが存在するが、そこで、金沢一の慶恩寺枝垂桜が紹介された。早速、犀川河岸段丘の側端に位置する慶恩寺を訪れた。

　金沢では寺町寺院群松月寺の天然記念物「大桜」が有名だが、慶恩寺は見事な枝垂桜《しだれざくら》。三月二六日の画像だ。金沢一との紹介は正鵠を得ている。『原色牧野植物大圖鑑』による「シダレザクラ」では、

　観賞用として神社や寺の境内または庭園に植えられる落葉高木。高さ二五m径一mにもなり樹齢も長い。学名はこちらが早く命名されたので母種のようだが、ウバヒガンの変種。枝が垂れ下がる性質があるだけでほとんど同じ。和名別名ともに細枝が糸のように長く垂れ下がるからいう。京都の

祇園は有名。八重咲きや紅色の濃い種などもある。
とあり、兼六園の枝垂桜は最近植えられたようで樹高は低い。しかし、枝垂桜自体は高さ二五mにもなるようだ。現在の慶恩寺枝垂桜は一〇m程度だが、まだまだこれから高くなり、二〇mを超える日も来るかもしれない。今後楽しみな桜である。

真宗大谷派加須良山慶恩寺は「小立野寺院群―いし曳《びき》の道」の一寺院である。『金沢三寺院群いし曳《びき》の道』では、

延徳三年（一四九一）の創建と伝えられる。僧慶心は金沢御堂の建立にともない本願寺の命を受け御堂衆を務めた。その後、越中から飛騨を布教し、九〇歳で飛騨白川村加須良に示寂した。木の新保から犀川河原町を経て万治元年（一六五八）、当地に移った。

とある。加須良は、石川県と富山県の県境大笠山（一八二二m）の登山口であり、大笠山は著者未登頂の山である。

百間堀桜

三月二九日今年の桜は三月中に満開になった。これは、観測史上初と思われる。何故ならば、例年は三月中に東京で桜が開花したと報じられても、金沢では四月にならないと開花しなかったからである。

百間堀で桜が満開になると、沈床園では花見の席を確保するためのブルーシートが敷かれるのだが今年は無い。新型コロナ禍のため三密（密集、密接、密閉）を避けるためだ。

さて、著者はこの桜が金沢一の絶景だと思っている。ご覧のように金沢城石川門・石川橋・沈床園の桜が素晴らしい。但し、今年の桜の開花が早かったせいかは分からないが、花の色がやや白っぽいのが特徴。

百間堀については、『重要文化財金沢城石川門修理工事報告書』に次のような記述

> 金沢城周囲には石垣が巡っており、江戸後期にはその廻りに百間堀、白鳥堀、いもり堀、大手堀が存在していた。（中略）百間堀と白鳥堀の間には以前土橋《どばし》があり、兼六園と石川門を繋いでいたが、明治四十四年（一九一一）に道路を通すにあたって、鉄筋コンクリートの橋となった。

がある。尾山御坊時代には、空堀だったそうだが、幾多の変遷を経て今日の姿になった訳だ。

尚、いもり堀は「宮守堀」と書いて「いもりほり」と読むのだが、何故「宮守」が「いもり」かというと、『角川大字源』では「宮」は、読み「いえ（いへ）・みやとあり、『大漢和辞典』では名乗、即ち我が国の人名に用いられる特殊の訓「いへ。ミヤ」が列挙されている。つまり、宮守堀は「いえもりぼり」の短縮形「いもりぼり」が語源だと推量する。

百間堀のソメイヨシノは、今後復元される金沢城二の丸御殿の華麗さを予告している。

梅林リキュウバイ

桜に気を取られていて、兼六園梅林を散歩コースから外していた。しかし、ふと利休梅《りきゅうばい》はどうなったかと思い、三月三〇日梅林に足を踏み込むと、白く、気品ある花群を付けた低木が目に入った。近づいて見ると花が咲く前は葉だけであり、このように綺麗な花を付けるとは予想できなかった利休梅である。

さすが利休と名がつく梅だと感心した。『利休大事典』で利休梅は、

バラ科の落葉低木で、四月から五月にかけて梅に似た白い花をつける。元来は中国中部の暖帯に分布し、明治時代末期に日本に入ったとされ、庭樹・切花として栽培される。高さは二～四メートルの株立性、枝は横に張り、楕円形の葉は洋紙質。梅花下野・円葉柳桜・梅咲空木の別名もある。

とある。即ち、利休が手掛けた梅ではなく、後世利休の名を冠し、広まった外来種なのだ。利休と名が付く植物としては富山県の利休椿があり、菓子では利休切山椒《りきゅうきりざんしょう》、鹿児島名菓利休軽羹《りきゅうかるかん》等がある。

尚、前田利長は「利休七人衆」の一人であり、七人衆は蒲生氏郷・細川三斉・高山右近・芝山監物・牧村兵部・古田織部・前田利長である。

『萬葉集』梅花の歌三二首中第三二番を紹介しよう。

霞《かすみ》立つ　長き春日《はるひ》を　かざせれど　いやなつかしき　梅の花かも　小野氏淡理《おのうじのたもり》

霞が立っている　長い春の日じゅう　髪に挿しているが　ますます手放せない　梅の花であるよ

桜満開の頃兼六園梅林随身門近く、緋の司横の曲水沿いに咲く幽玄美の極致、利休梅。これぞ正しく利休好みであろう。利休梅を見逃してはならない。

本多町ミツバツツジ

これが以前レンギョウと間違えた三つ葉ツツジである。成程レンギョウは黄色、三つ葉ツツジは赤紫だ。今年は桜の開花も早かったと思いながら本多町を歩いていて発見したのは、三月三一日であった。やはり開花は早い。

三つ葉ツツジは葉が三枚と教えてくれた人がいた。葉は後なので三月三一日時点では判別できないのだが、その後葉が出てから見るとやはり三枚だ。但し、例外的に四枚のものもあった。これは今はやりの多様性(Diversity)なのだろう。

ミツバツツジとしては、「本州関東・東海道・近畿の低山帯にはえ、庭木として栽植する落葉低木。車輪状に分枝し高さ二〜三m、無毛。葉は長さ五〜七㎝枝先に三枚ずつ輪生、新芽のとき裏側に巻き粘着し無毛。秋に紅葉する。葉や花柄の基部に重なり合った鱗片があるが早くに落ちる。花は春、葉に先だって開く。径三～四㎝、雄しべ五。子房、花柄、葉柄に腺毛がある。種小名は拡大したの意（『原色牧野植物大圖鑑』）」とある。

ミツバツツジの学名は、Rhododendron dilatatum Miq.で、Rhododendronはラテン語による属名「シャクナゲ属」を表し、dilatatumが種小名で、同じくラテン語「広がった」を表す。尚、最後のMiq.は命名者名であり、三木であろうか。「三木茂（植物学者）―ウィキペディア」には、

三木　茂（みき　しげる、一九〇一年一月一日―一九七四年二月二一日）は、日本の植物学者。

メタセコイアの発見者

とあり、有名な植物学者とのことだ。

ミツバツツジは桜が満開の頃、同時並行し、新緑の魁として咲く貴重な種である。レンギョウと間違えないためには色、即ち赤紫色を忘れてはならない。

文献

梅の会編『梅入門』池田書店、一九七三
武田科学振興財団　杏雨書院編『水谷豊文先生著本草綱目記聞　二』武田科学振興財団、二〇〇六
佐竹昭広・山田英雄・工藤力男・大谷雅夫・山崎福之校注『萬葉集　一』岩波書店、一九九九
小島憲之・木下正俊・東野治之校注・訳『萬葉集②』、小学館、一九九五
日置謙『加能郷土辞彙』北国新聞社、一九七九
中村栄俊『金沢茶道と美術』北国出版社、一九七八
柳井滋・室伏信介・大朝雄二・鈴木日出男・藤井貞和・今西祐一郎校注『源氏物語　四』岩波書店、一九九六
阿部秋生・秋山　虔・今井源衛・鈴木日出男校注・訳『源氏物語⑤』小学館、一九九七
「nae-ya」https://nae-ya.com/item/3116/
中田祝夫・和田利政・北原保雄『古語大辞典』コンパクト版、小学館、一九九四
田部井文雄編『大修館四字熟語辞典』大修館書店、二〇〇四

正岡子規『墨汁一滴』岩波文庫、二〇二〇
築島　裕代表編『古語大鑑』第1巻、東京大学出版会、二〇一一
勝木俊雄『桜』岩波新書、二〇一五
牧野富太郎『原色牧野植物大圖鑑』北隆館、一九九七
兼六園全史編纂委員会『兼六園全史』兼六園観光協会、一九七六
竹林史博『知っておきたい涅槃図絵解きガイド』青山社、二〇一三
「特等大苗専門店すだ農園」https://www.sudanoen.com/?pid=102815550
森田平次『金沢古蹟志（上）』歴史図書社、一九七六
森田平次『金沢古蹟志（中）』歴史図書社、一九七六
「オオシマザクラ」https://ja.wikipedia.org/wiki/%E3%82%AA%E3%82%AA%E3%82%B7%E3%83%9E%E3%82%B6%E3%82%AF%E3%83%A9
「桜だより」https://sakura.hibiyakadan.com/page.jsp?id=14549347
石川県神社庁編『石川県神社誌』石川県神社庁、一九七六
『加賀志徴』下編、石川県図書館協会、一九六九
「金沢大好き」https://www.facebook.com/groups/189485827851482

『小立野寺院群―いし曳《びき》の道』金沢市観光政策課
『寺町寺院群―静音《しずね》の小径《こみち》』金沢市観光政策課
佐伯郁夫・佐伯克美『富山県の山』山と渓谷社、二〇〇〇
文化財建造物保存技術協会編『重要文化財金沢城石川門修理工事報告書』石川県、二〇一

四

諸橋轍次『大漢和辞典』巻三、大修館書店、一九九一
千宗左・千宗室・千宗主・千宗守監修『利休大事典』淡交社、一九八九
八尾嘉男『千利休』淡交社、二〇一六
「三木茂（植物学者）―ウィキペディア」https://ja.wikipedia.org/wiki/%E4%B8%89%E6%9C%A8%E8%8C%82_（%E6%A4%8D%E7%89%A9%E5%AD%A6%E8%80%85）

第四章　四月

彦三《ひこそ》緑地ヨシノツツジ

　三つ葉ツツジが咲いたのだから、金沢で躑躅の名所彦三緑地はどうだろうか。四月一日行ってみると、予想通り吉野ツツジが咲いていた。吉野と名が付けば吉野千本桜を想起するが、ツツジにもある。但し、品種名は、ソメイヨシノの咲く頃に満開になることに由来するようだ。「Rakuten苗木部」では、

　吉野ツツジは、シャクナゲとツツジの交配種で、驚くほどの花付きの良い品種です。通称ツツジと呼んでいますが、小輪系のシャクナゲに属します。樹高は低く収まるので、狭いお庭にも最適です。直径約六㎝くらいのパープルピンクの花を咲かせます。小さな花を枝先に多くつけ、一斉に咲くので、花の時期は全体が花色に染まります。

とあり、日本の気候によく合う種だとのこと。

確かに、キリシマの赤と異なり赤紫の色彩豊かな品種である。由来にあるように、特別吉野だけに自生するツツジではなく、ソメイヨシノの咲く頃が見頃なツツジなのだ。

さて、彦三緑地については、六代加賀藩主　前田吉徳《よしのり》から藩士遠田自省《よりみ》が拝領したといわれるツツジ（遠田のつつじ）が残る日本庭園風の緑地であり、七二品種、約一千四〇〇本のツツジが植えられており、四月下旬～五月上旬に見ごろを迎える（「金沢旅物語」）。

とあり遠田家の庭なのだ。

尚、彦三とは、『金沢古蹟志（下）』で、

この町は、舊藩中は都て藩士の邸地にて、一番丁より七番丁までありて、昔より不破彦三及び同姓の人々爰に居住す。故に彦三町と呼べり。

とある。

成程、彦三緑地周辺は大邸宅が建ち並んでいる。

西部緑地公園ツルニチニチソウ

金沢市立図書館の開館時間は十時なので、図書館通いの前に西部緑地公園を散歩することがある。西部緑地公園平成の森園地路肩に見かけたこの花。四月六日の画像である。

蔓日日草《つるにちにちそう》は紫色の綺麗な花であり、金沢市立玉川図書館へ到着して道端を見ると、この花も咲いていた。しかし、著者の子供の頃見た記憶は無い。図書館で調べると、ツルニチニチソウだと分かった。ヨーロッパやアフリカからの外来種なのだ。即ち、一九四〇年代には無かった花である。

『APG原色牧野植物大図鑑Ⅱ』ツルニチニチソウでは、

南ヨーロッパ、北アフリカに分布するつる性の多年草。花壇、ロックガーデン、吊鉢用に栽培される。茎はつるとなり多少木質、細長く横に走り、長さ四〇〜八〇㎝。花のつく茎は短く直立する。葉は有柄で対生、卵形、全縁。花期は三〜七月。茎の上部の葉えきごとに花柄をだし、上向きの淡紫色の花を一個開く。がく片は緑色で五深裂、花冠は高盆形、下部は細い筒となり、上部は五裂して平らに開き、裂片はやや回旋する。雄しべ五。

とのこと。

それでは、西部緑地公園の蔓日日草はどこから持ち込まれたのだろうか。西部緑地公園のみに開花するのではないので、公共工事の土砂搬入により齎された。土砂搬入地点にヨーロッパもしくはアフリカからの輸入品があり、その中に蔓日日草の種が混入していたとしか考えられない。

いずれにしても桜からツツジへの移行期に紫の花を咲かせる。『失われた時を求めて』では「ツルニチニチソウの花が、微妙な青い自然の王冠を作りあげ」とあり、春の思い出を演出している。

兼六園クマガイザクラ

兼六園花見橋手前にある大きな桜の木。ソメイヨシノの満開時でも未だ沈黙、約一週間遅れで開花する。満開になるとソメイヨシノの終わった時期なので、主役は私だと主張する見事な熊谷桜《くまがいざくら》。四月六日の画像である。

熊谷桜は、「江戸時代に水戸藩から贈られた桜。八重桜よりも花びらが多い菊咲きの桜で、枝を取り巻いて花が咲く姿が牡丹の花のようなので、牡丹桜《ぼたんざくら》とも呼ばれる（「兼六園の歴史、トリビア」）」とある。しかし、兼六園熊谷桜は八重咲きではなく、長州緋桜《ちょうしゅうひざくら》と同じクローンの栽培品種であることが確認されたとのこと。

『平家物語』における熊谷直実の甲冑の緋色の縅から連想して、明治の初めに「兼六園熊谷」の名で呼ばれるようになった。（中略）原木が所在する石川県金沢市にある兼六園では「熊谷桜」の通称でも呼ばれているが、品種名として定められている熊谷桜《くまがいざくら》や熊谷《くまがい》とは完全に別種である（ウィキペディア「ケンロクエンクマガイ」）。

確かに、「桜図鑑―公益財団法人　日本花の会」記載の熊谷桜は八重であり、兼六園熊谷桜とは異なるし、熊谷はコヒガン系の八重咲き品種とある。

では、熊谷市ではどうかというと、

「埼玉県熊谷市の別府沼公園に『熊谷』と名の付く品種の桜が植栽されている『熊谷の森』があり、同じく熊谷直実を品種名の由来とするクマガイ（桜熊谷）と共に五本植栽されている（「ケンロクエンクマガイ―ウィキペディア」）とあり、話は錯綜している。

結論は、兼六園の熊谷桜は「兼六園熊谷桜」と呼称するのが妥当なようだ。いずれにしても、この桜が満開の時は観光客の集中する見事な桜であることには変わりはない。兼六園の華と呼ぶのに相応しい。

兼六園ヨウキヒ

兼六園には桜ヶ丘という地点が存在する。桜ヶ丘にはソメイヨシノの標本木がある。

桜ヶ丘の呼称は、斎広の時代に存在していたのだが、その地点と旧時雨亭の中間地点に、開花は兼六園一番遅く、しかしながら八重の濃い紅色の華麗な桜が目に入る。これが兼六園で菊桜と共に八重桜の代表格楊貴妃《ようきひ》なのである。四月八日の画像だ。

オオシマザクラ系統に属するサトザクラの代表的な品種。多数の花弁が織りなす優雅な花の姿を中国史に残る絶世の美女「楊貴妃」になぞらえてヨウキヒ（ザクラ）と命名されたとある。一方、オオシマザクラは、「本来は伊豆諸島だけに分布していたと思われる種である（『桜』）」とあり、本来は白い桜なのだが突然変異で濃い紅色の八重咲きになったものもあるそうだ。

唐六代目皇帝玄宗の寵愛を受けた楊貴妃。幼名は玉環《ぎょくかん》といった。中国では、玉はその美しさから女の子の名に好んで用いられた。白楽天《はくらくてん》の「長恨歌《ちょうごんか》」を引用しよう。

漢皇重色思傾国　御宇多年求不得
楊家有女初長成　養在深閨人未識
天生麗質難自棄　一朝選在君王側
回眸一笑百媚生　六宮粉黛無顔色

漢皇色を重んじ傾国《けいこく》を思う　御宇《ぎょう》多年求むれども得ず
楊家に女有り初めて長生し　養われて深閨に在り人未だ識らず
天生《てんせい》の麗質おのずから棄て難く　一朝選ばれて君王の側《がたわら》に在り
眸《ひとみ》を回《めぐ》らして一笑すれば百媚《ひゃくび》生じ　六宮《りくきゅう》の粉黛《ふんたい》顔色なし

梅林ハクサンシャクナゲ

兼六園梅林には曲水があり、兼六園板橋から現在の時雨亭横に流れ込んでいる。この白山石楠花《はくさんしゃくなげ》は、時雨亭横に植えられていて、白い綺麗な花を誇らしげに咲かせた。四月一四日の画像だ。

白山は標高二七〇二mの休火山で、白山と名が付く花は、白山シャクナゲを始め、白山コザクラ、白山イチゲ、白山フウロ、白山シャジン、白山チドリ、白山タイゲキ等三〇種もあるそうだ。その中で低木に分類され、画像では白い花のように見えるが、山で見ると薄いピンク色のものもあり、五月白山周辺の低山では白山シャクナゲが心癒やしてくれる。

白山シャクナゲについて、『原色牧野植物大圖鑑』では、

本州中部以北・北海道、および朝鮮の亜寒帯に分

布、亜高山帯の樹林の中、高木限界付近に多く、ときに高山帯下部にまで上り、ハイマツなどと混じる常緑低木。高さ四〇～四〇〇㎝。葉は基部が耳形になる。冬は裏側に巻いて細長い棒状。花は初夏、花冠の長さ三～四㎝、雄しべ一〇。雄しべが花弁化したネモトシャクナゲが福島県吾妻、八ヶ岳、白馬岳にある。

とあり、花は初夏とある。今年の桜は早かったのだが四月一四日は初夏とはいえない。低山での話であろう。

著者は百名山では三四座登頂した。吾妻山（二〇三五ｍ）は福島盆地と会津盆地の中央に位置する山で著者未踏峰。八ヶ岳（主峰赤岳の標高二八九九ｍ）は赤岳鉱泉から入山、横岳、硫黄岳、赤岳、阿弥陀岳と縦走した。白馬岳（二九三三ｍ）は中房温泉から入山、翌日杓子岳、鑓ヶ岳、いわゆる白馬三山を縦走。八ヶ岳ではコマクサ、白馬岳ではシナノキンバイを堪能。しかし、地元贔屓だが、白山シャクナゲの右にでる花はない。

梅林ハナズオウ

桜も散り、利休梅も終わった兼六園梅林。四月一四日梅林を訪れると、時雨亭近くに鮮やかな紫の花を付けた高木を発見。兼六園は六五歳以上は入園無料なので昼食後散歩がてらに良く通るのだが、今までに気が付かなった花だ。早速図書館で調べるとハナズオウらしい。ハナズオウは、「庭木として庭園に栽培される落葉低木。高さ二～四m。原産地中国では高木。元禄八年（一六九五）には渡来していた。葉はまめ科には珍しく単葉。花は春、葉よりも早く二年目の枝上のところどころから束生する。豆果は平たく長さ五～七㎝。和名は花の色が、ズオウ Caesalpinia sappan L. からとる蘇方染《すおうぞめ》の紅紫色に似ているので名づけた。漢名紫荊（『原色牧野植物大圖鑑』）」とある。

尚、ハナズオウは、マメ科・ハナズオウ属ハナズオウであり、和名はスオウバナ。学名は、Cerecis chinensis Cercis。中国のcercis（サーシス）は、さやの形が小刀のcercis（鞘：サヤ）に似ていることから付けられた（「ハナズオウ　学名」）とのこと。又、Wikipedia"Caesalpinia"には、「The generic name honours the botanist, physician, and philosopher Andrea Cesalpino（1519-1603）. とあり、Cesalpinoは著名な植物学者、物理学者及び哲学者だ。

兎に角ひと際目立つ中国産高木だ。しかも元禄八年には渡来していたとのこと。元禄期は文化が花開いた時代。但し、一般的には鎖国政策を連想するが、長崎には長崎会所が存在し、対オランダと対清朝中国は例外だったようだ。

今まで気が付かなかったハナズオウ、桜とツツジに気を取られていたためだ。梅も終り、静かになった梅林のハナズオウを見逃すことはできない。

彦三緑地ツツジ

彦三緑地の躑躅《つつじ》はどうなったか四月一九日確認に行ったところ、画像の左にある能登キリシマが満開。しかも中央のキリシマも華を競い、さすがツツジの名所だ。

能登キリシマはキリシマが能登で栽培され大きくなった種であろう。その能登キリシマの写真を撮っていたら、近所の人らしい年配者が来たので、「凄く大きいですね」と声を掛けると、「能登ではもっと凄い」と言う。「能登の何処へ行けば見られるのですか？」と尋ねると、「普通の民家」との返事。これでは、行先不明瞭なので、彦三緑地の能登キリシマの撮影に専念した。

『原色牧野植物大圖鑑』には能登キリシマの記載はないが、キリシマでは、観賞用に栽培され一六四四年頃から知られ、まれに野生する常緑低木。ヤマツツジが母種の一つではないかと考えられている。高さ六〇〜一五〇㎝。葉は互生。長さ一〜三㎝、夏出葉は冬を越す。花は春、径三〜四㎝、がくが完全に花弁化したコシノミ、またムラサキキリシマなどがある。和名は霧島山に基づく。属名はバラと樹木のギリシャ名で転じて紅花をつける木の意。

とある。一六四四年は正保《しょうほう》元年。寛永の後、慶安の前、即ち徳川家光時代であり、この時代からキリシマは知られていた。一方能登キリシマは、一〇〇年以上の古木があるとのことで、寛保、延享時代に持ち込まれたものと推量される。

彦三緑地には、前述の三つ葉ツツジ、ミヤマキリシマ、八重キリシマ、能登キリシマ、ヤシオツツジ等七品種約五四〇本のツツジがあるそうだ。彦三というよりは、尾張町に近く、例年より一週間早くなったツツジ。満開の頃には欠かせない名所である。

梅林レンゲツツジ

梅林ではハナズオウの花も散って静かになったかと思って四月二〇日覗いてみると、舟の御亭横曲水脇に蓮華ツツジが橙色の綺麗な花を付けていた。つぼみの形が蓮華に見えることから名付けられたそうだが、後述の如く湿地を好むので、曲水脇はまたとない環境なのだろう。湿地が存在しない彦三緑地には無い品種だ。

レンゲツツジとしては、「北海道西南部から九州の、水湿の充分な高原や野にはえ、また観賞用に栽植する落葉低木。高さ一～二m、輪生状に分枝する。葉は長さ五～一〇㎝光沢なく、ときに裏白がある。花は春から初夏、径五～六㎝、葉と同時に開く。有毒で家畜が食べず、放牧地、また富士・浅間・八ケ岳など山麓の大群落は有名。黄、橙黄、紅花と品種は多い。漢名羊躑躅は中国産の種（『原色牧野植物大圖鑑』）」とある。

蓮華とは仏教用語であり、『総合佛教大辞典』では、
沼沢に生じる宿根草本植物。花の色と香りが美しく、また泥の中に生じて清浄な花を開くところから（特に白蓮華）、インドにおいては古来珍重され、仏教でも尊ばれて、仏や菩薩《ぼさつ》は多く蓮華をその座とする。

とあり、ハスとスイレンの相違は第六章で詳述する。

八ケ岳（主峰赤岳二八九九ｍ）など山麓の大群落は有名とのこと。著者は八ケ岳主峰赤岳は登頂したが、山麓の大群落は見ていない。又、蓮華と名が付く蓮華岳《れんげだけ》は、飛騨山脈北部、富山県中新川郡立山町と長野県大町市とにまたがる標高二七九九ｍの山であり、残念ながら百名山、二〇〇名山の仲間入りできなかった隠れた名山。著者未登頂の山だ。

白鳥路カキツバタ

今年は梅も桜も早かった。従って、杜若《かきつばた》はと思い、四月二一日白鳥路を歩いてみた。白鳥路の公園下口には前田利家公銅像、白鳥路中程には金沢三文豪泉鏡花・徳田秋声・室生犀星の銅像を始め、多くの芸術作品が展示されている。これを過ぎると大手町に至るのだが、その大手町口の小さな池にカキツバタが咲いていた。

『ＡＰＧ原色牧野植物大図鑑Ｉ』におけるカキツバタは、

日本各地、および朝鮮半島、中国東北部、東シベリアに分布し、水湿地にはえる多年草。高さ五〇～七〇㎝になる。葉は軟らかく、隆起した中脈がなく、高さはときに花茎を越える。花は春から初夏に咲く。外花被片は長さ六～七㎝。園芸品として池辺などに栽培され、紫班のあるものや白花のものがある。和名は花汁を布にこすりつけて染める、昔の書きつけという行事名から転訛したもの。

「カキツケ」が「カキツバタ」に転訛したようだ。

杜若《かきつばた》については、高校古文に出てくる『古今和歌集』巻九在原業平朝臣《ありはらのなりひらあそん》の「かきつばた」という五文字を各句の第一字目に置いた有名な歌、

　唐衣《からころも》きつつなれにしつましあればはるばるきぬる旅おしぞ思う

がある。そこで、僭越ながら著者も一首詠んでみた。

　金沢の君と歩みし月の夜は春過ぎし園《えん》立つや香《かぐわ》し

　今年は桜が早かったがカキツバタも早い。例年であれば五月末兼六園のカキツバが満開になるのだが、兼六園では早咲きの一輪が咲いていた程度であり、白鳥路は五分咲き位で少々早かった。しかし、金沢にカキツバタはよく似合う。

本多町旧中村邸ツツジ

四月二二日本多町旧中村邸前に鮮やかな朱色の躑躅を発見。旧中村邸前の本多公園には梅もそうだが鮮やかな朱色の品種が揃っている。画像のツツジはヒラドツツジかとも思われるが、断定は出来ない。

「ヒラドツツジ―育て方―花の写真」では、ヒラドツツジ（平戸つつじ）は、琉球産のケラマツツジとモチツツジ、キシツツジなどの自然交雑によってできた品種群、そして、実生によって作り出された品種群を指しますが、古くから主に長崎県平戸市で栽培されてきたことからその名が付いています。クルメツツジと同様、たくさんの品種があります。

常緑ツツジの中では、株が大きくなります。刈り込みに耐え、萌芽力が強いことから、温暖地においては街路樹としてよく使われており、見かける機会が多いツツジです。ヒラドツツジの花は、ほとんどが一重ですが、大輪で美しい色彩の花が多く、また、株を覆うように一斉に咲きますので、満開のときの美しさは例えようもありません。

とあり、とにかくキリシマの赤とは違う、薄紅色の目にも鮮やかなツツジなのだ。

さて第三章では中村記念美術館の概要を述べたので、本章では中村記念美術館に陳列された古美術品を紹介する。重文の夢窓国師七絶や古筆手鑑、重美の青井戸茶碗「雲井」、南宋官窯青磁水差し「青海波《せいがいは》」をはじめ秘宝の数々が幽玄な光をはなち、特に光悦黒茶碗「末弘」等が展示されている（『金沢茶道と美術』）。尚、青海波は後白河法皇が愛好した今様の雅楽演目衣装に使われる文様であり、『源氏物語』第七帖「紅葉賀《もみじのが》」に、「源氏の中将の君はその日、青海波を舞われた」とある。

百間堀ツツジ

百間堀の躑躅も咲き出した。四月二二日の画像だ。紫色系なので、ムラサキヤシオツツジ系統と思われるのだが、断定は出来ない。後方の白い花はコメツツジと思われる。

『原色牧野植物大圖鑑』ムラサキヤシオツツジは、本州中部以北・北海道の低山帯上部にはえる落葉低木。よく分枝し高さ一～二m、若枝は腺毛がある。葉は枝先にやや輪生状に互生し長さ約八㎝、裏面中央脈にそって白毛がある。花は初夏、葉の出ないうちに咲き、花冠は径三～五㎝、雄しべ一〇本。和名紫八塩《むらさきやしお》ツツジは回数を重ねて紫色の染汁に漬けて、よく染めあげたツツジの意味。

コメツツジは、

北海道から九州、および南朝鮮に分布。深山にはえる落葉小低木。風当たりの強い岩石地などでは地表をはい、そうでないところでは高さ約一mになる。（中略）花は夏、一～四の白い花、時に紅色を帯びるものもあり、径八～一〇㎜、雄しべ五本。

とあり、同じ白い花が咲くゴヨウツツジ、別名シロヤシロは高さ四～六mとあるので、コメツツジであろう。

さて、百間堀については、一間は一・八一mにつき百間は一八一mの長さに相当する。所が、兼六園真弓坂入り口横にある由緒書には、「百間堀は、長さ約二七〇m、幅約六八・四m、水深約二・四mあり、その大きさから百間堀の呼び名が付いたようです」とある。九〇m異なるのだが、当時の測量技術では正確に測定できたかどうかは疑わしい。五十間長屋の倍と感じたのではなかろうか。

尚、百間堀が埋め立てられ、市道となったのは明治四四年（一九一一）だそうだ。

緑の小径ヒメシャガ

四月二三日旧中村邸の前を通り緑の小径の石段を登り始めて気が付いた。石段の脇にひっそりと佇む姫ヒャガである。アヤメに似ているが、花弁は水平に咲き、中央の花柱は存在しない。但し、アヤメ属だ。

『原色牧野植物大圖鑑』では、

本州では関西地方以東の日本海側・四国・九州のやや乾いた山地の斜面にはえ、鑑賞用として庭に栽培され、自生地は少なくなっている多年草。高さ一五～三〇cm。葉は薄く草質、長さ二〇～四〇cm。花は春から初夏、淡紫色で、径四～五cm、花柱は分枝し花弁状。まれに白色の品種がある。和名姫シャガは、シャガに似て小形なことからいう。

とある。尚、シャガは高さ五〇～七〇cmとあり、画像のヒメシャガとは高さが異なる。

さて、緑の小径は著者の散歩道で、石川県立美術館横から鈴木大拙館裏まで続く金沢版「哲学の道」である。往古は本多安房守の上屋敷と下屋敷を繋ぐ道でもあった。現在のMRO北陸放送が下屋敷。此処には松風閣庭園があり、その名残である。中村記念美術館前耕雲庵の裏手を通り本多公園に出る。この公園は第三章で述べた如く梅が多数植えられ、春先には梅の薫香を嗅ぐ（聞く）ことができる。

道は、旧中村邸に続くが、その右手に本多家の由緒書があり、右折すると石段がある。ヒメヒャガが咲いていた石段だ。この辺りは鬱蒼とした森の風情で、以前は六月になると紫陽花も綺麗であった。尚、夜には街頭が点灯し安全だ。石段を登ると左手には、第八章で詳述する「歴史の小径」がある。右手の石段を進むと小滝があり、夏は天然のクーラー。石段を登り切ると石川県立美術館裏、本多家上屋敷跡である。左折し進むと最近できた展望台に出る。

我が家前イングリッシュローズ

我が家前にイングリッシュローズが開花したのは四月二五日。昨年は五月一八日開花だから随分早い。著者がバラに興味を持ったのは、学生時代今の石川県立美術館の地にあった金沢女子短大附属高校前に赤いバラの生け垣があり、これが綺麗だったことが起因である。このバラはイングリッシュローズではなく、ハマナスに近い日本の原種であったと思う。

又、この頃《バラが咲いた》という題のフォークソングが流行したことも遠因であった。

その後、園芸店にイングリッシュローズが売り出され早速購入、栽培を始めた。イングリッシュローズは花が綺麗で香りも楽しめ、毎年五月が待ち遠しく感じたものだ。イングリッシュローズはオールドローズとモダンローズのいいとこ取りとある。先ずオールドローズについて『FLORAフローラ』を参照しよう。

「オールドローズ」という用語のもとに、人為的な交配によって生み出された数多くのグループが含まれており、(中略) もっとも初期のものとしてはガリカローズの系統があり、このグループは何世紀にも渡って栽培されてきた。

とあり、八重咲きが多い。次に、イングリッシュローズについては、

一九六〇年代初期にイギリス人のデビッド・オースチインがオールドローズとモダンローズを交配させて育種を進めた。こうして作出されたグループはイングリッシュローズの名で知られており、オールドローズの花姿と芳香性、モダンローズの四季咲き性と豊富な花色をあわせもつため、非常な人気がある。

即ち、前述のいいとこ取りだ。我が家前バラについては次章で詳述する。

兼六園三好庵シラフジ

藤といえば白鳥路における紫色の藤を思い出すのだが、兼六園三好庵に白藤《しらふじ》が咲いているのに気が付いたのは四月二八日であった。右横には瓢池に流れ落ちる翠滝があり、

緑と白藤のコントラストが美しい。『原色牧野植物大圖鑑』で藤を調べると色については記載無いのだが、該当する藤としてはノダフジらしい。ノダフジでは、

本州・四国・九州の山野にはえ、また観賞用として庭園に栽植される落葉つる植物。茎は著しく長くのびて他物に右巻きにつく。若葉は毛があるがのちほとんど無毛。花は春から初夏。長さ三〇〜九〇㎝の花弁を垂れ下げ基部からさきへと開く。豆果は硬く、細毛を密生。和名は野田藤《のだふじ》。野田は

大阪の地名で昔はフジの名所。フジは吹き散るの意味。

とある。野田は大阪市福島区にあり、野田阪神として著明。又、茎の右巻きについては、「つるが時計廻りに回りながら伸びていく場合を右巻き、反時計廻りに回りながら伸びていく場合を左巻きと定義することにしました。この定義によると、アサガオのつるは左巻きではなくて右巻きと云うことになります（「日本植物生理学会みんなの広場」）」。つまり、大概の植物の茎、ツルは右巻きの様だ。

さて三好庵別荘といえば室生犀星が芥川龍之介を招待し、龍之介が宿泊したことで有名だ。『杏《あんず》っ子《こ》』では、

公園の翠滝のうえに、三好庵の別荘があったが、ふだんはつかっていない。楓《かえで》と松と椎《しい》のわかばにつつまれた、うすぐらい座敷に通ると、ひやりと動かない空気が人肌を刺して来て、芥川はくさめを何度かした。

とあり、末翁という老俳人の世話で犀星は臨時に県庁から宿泊の許可を取ったそうだ。

文献

「めいのきまぐれ植物図鑑ヨシノツツジ」https://meisa33.hatenablog.com/entry/2019/08/19/115549

「Rakuten苗木部」https://item.rakuten.co.jp/hana-online/niwaki_tsutsuji_yoshino/

「金沢旅物語」https://www.kanazawa-kankoukyoukai.or.jp/spot/detail_50026.html

森田平次『金沢古蹟志（下）』歴史図書社、一九七六

邑田仁・米倉浩司編『ＡＰＧ原色牧野植物大図鑑Ⅱ』北隆館、二〇一三

マルセル・プルースト（鈴木道彦編訳）『失われた時を求めて』上、集英社、一九九二

「兼六園の歴史、トリビア」https://ichi1kun.com/kenrokuen/kenrokuen-kumagai-cherry-tree/

「ケンロクエンクマガイ―ウィキペディア」https://ja.wikipedia.org/wiki/%E3%82%B1%E3%83%B3%E3%83%AD%E3%82%AF%E3%82%A8%E3%83%B3%E3%82%AF%E3%83%9E%E3%82%AC%E3%82%A4

「桜図鑑―公益財団法人　日本花の会」https://www.hananokai.or.jp/sakura-zukan/yp_szukan/d/109.html?10203040

「ヨウキヒ（楊貴妃桜）―庭木図」https://www.uekipedia.jp/%E8%90%BD%E8%91%89%E5%BA%83%E8%91%89%E6%A8%B9-%E3%83%A4%E8%A1%8C/%E3%83%A8%E3%82%A6%E3%82%AD%E3%83%92/

勝木俊雄『桜』岩波新書、二〇一五

村山吉廣『楊貴妃』中公新書、一九九七

牧野富太郎『原色牧野植物大圖鑑』北隆館、一九八二

深田クラブ『日本二〇〇名山』昭文社、一九八七

深田久弥『日本百名山新装版』新潮社、一九九四

Wikipedia"Caesalpinia"https://en.wikipedia.org/wiki/Caesalpinia

「ハナズオウ　学名」https://www.google.com/search?q=%E3%83%8F%E3%83%8A%E3%82%BA%E3%82%AA%E3%82%A6%E3%80%80%E5%AD%A6%E5%90%8D&sxsrf=APq-WBs3D-i2OUDZcapxQ5UJNmgv5llYaw%3A1649560502553&ei=tktSYu6iIYLM2roP0cqigAg&ved=0ahUKEwju1ajew4j3AhUCpIYBHVGICIAQ4dUDCA4&uact=5&oq=%E3%83%8F%E3%83%8A%E3%82%BA%E3%82%AA%E3%82%A6%E3%80%80%E5%AD%A6%E5%90%8D&gs_lcp=Cgdnd3Mtd2l6EAMyBAgjECcyBQgAEIAEMgYIABAEEB46BwgjELADECc

6BwgAEEcQsAM6BwgjELACECc6CAgAEAgQDRAeSgQIQRgASgQIRhgAUOQkWJIoYIZ6aAFwAXgAgAFuiAHvHJIBBTE5LjE4mAEAoAEByAEKwAEB&sclient=gws-wiz
総合佛教大辞典編集委員会編『総合佛教大辞典』法蔵館、一九八七
邑田仁・米倉浩司編『ＡＰＧ原色牧野植物大図鑑Ⅰ』北隆館、二〇一二
小沢正夫　松田成穂校注『古今和歌集』小学館、一九九四
「ヒラドツツジ―育て方―花の写真」https://flower365.jp/18/255.html
中村栄俊『金沢茶道と美術』北国出版社、一九七八
柳井滋・室伏信助・大朝雄二・鈴木日出男・藤井貞和・今西裕一郎校注『源氏物語一』岩波書店、一九九三
円地文子訳『源氏物語（一）』新潮文庫、二〇〇八
トニー・ロード、他一二名（小佐田愛子他翻訳）『FLORAフローラ』産調出版、二〇〇五
「日本植物生理学会みんなの広場」https://jspp.org/hiroba/q_and_a/detail.html?id=1377&key=&target=number
室生犀星『杏っ子』新潮文庫、二〇〇八

第五章　五月

我が家前バラ

イングリッシュローズはパステルカラーが多いのでまっ赤な薔薇《ばら》をと思い、園芸店で購入した。名前は「プリンセス…」。プリンセスまでは記憶しているのだが、誰かは定かではない。我が家のイングリッシュローズは二代目が多いのだが、このバラは耐久性抜群で、初代が健在である。五月二日の画像だ。多分モダンローズと思うので、『FLORA フローラ』を読む。

バラ科。バラ属の花は世界中でもっともよく栽培される植物のうちに数えられ、圧倒的な人気を誇っている。（中略）モダンローズという用語は誤解を生じる場合もある。モダンローズの多くは一八〇〇年代後半に作出されたが、これと同じ時期にオールドローズも誕生しているためである。モダンローズの主要な特徴としては反復開花すること、多花性であること、黄色とオレンジ色の花が作られたことが挙げられる。大輪バラ（ハイブリッド・ティー）とポリアンサ系バラの交配によってフロリバンダ（房咲き）が作出された。とある。「反復開花」とは、一定の温度があれば必ず安定して開花する性質。一年を通して、温度さえあれば何度も繰り返し開花するようである。我が家のイングリッシュローズで秋に秋バラとして咲く品種がある。前章で述べた如く、「イングリッシュローズはオールドローズとモダンローズのいいとこ取りのバラ」なのだから、モダンローズの反復開花性を持っていてもおかしくはない。

しかし、画像のバラは秋には咲かない。だとすれば、このバラは日本原種のバラの栽培種かもしれない。種は不明だが、毎年真っ赤な花を咲かせる我が家前のバラは貴重だ。

兼六園カキツバタ

二〇一一年には五月二七日曲水に紫の絨毯が現出した兼六園杜若《かきつばた》。この画像は本年五月六日撮影分だ。今年は花が早くなったのは既述の通りだが、現在では花が少くなり、絨毯というより点在。花が咲くのが早くなったせいとも言えない。手入れは行き届いている。しかし、やはり経年変化なのだろう。寂しい限りだ。

さて、兼六園の曲水の水は何処から流れてくるのだろうか。『金沢城跡―鶴の丸第1次・新丸第1次・尾坂門・二の丸園路・数寄屋屋敷―』における「辰巳用水主要水路図」を見てみよう。著者も知らない場所だが、「東岩の取入口」から取水された用水は、上辰巳、下辰巳、末、天徳院、石引を経由して兼六園山崎山々麓の取入口より兼六園に達する。すぐ成巽閣と曲水方面に分岐し、花見橋付近で虹橋（徽軫灯籠）・霞が池方向と長谷池即ち、梅林を経由して現在の時雨亭方面とに分かれる。画像のカキツバタは虹橋方向曲水の月見橋で撮影したものである。虹橋付近からは兼六坂・金沢城石川門・噴水・霞が池方向に分流する。

霞が池を潤した流れは、翠滝と噴水方面に分かれ、噴水方向は黄門橋を経由して瓢池で合流する。翠滝からは石管路で尾山神社に向かう流れもあるが、瓢池からは主要水路　開渠で石浦町、尾山町を経由して、上安江に至る。尚、犀川中流藤棚より始まる鞍月用水は上柿木畠、金沢市役所横を経由して上安江で辰巳用水と合流する。

更に、石引から材木町、橋場を経由して浅野川に注ぐ水路もある。

このような水湿地を好むカキツバタ。兼六園は打って付けの地。ツツジが終わった後、サツキと開花時期を競い、赤と紫の花の共演は兼六園の正に華なのである。

金沢二一世紀美術館ヒトツバタゴ

属名Ligustrum obtusifolium Sieb. et Zucc。別名「ナンジャモンジャ」とも呼ばれ、雪が降ったと勘違いされる白い棘のような花が咲く面白い木。石川県には三本しかないそうで、もう一本は白山市鶴来の白山比咩神社手水舎にある。五月一一日の画像。

ナンジャは分かるが、モンジャとは何か。『広辞苑』では、もんじゃ【問者】①問う人。質問者。②「仏」論議の席上、竪者《りっしゃ》の出した回答に対して問難する人。③官吏登用試験に応ずる者に論策を質問する人。問題。とある。

即ち、五月に雪のような花を咲かせるので、「これは何か」と尋ねたくなる。つまり、「ナンジャモンジャ」は「これは何か」の意であろう。

『原色牧野植物大圖鑑』では、

本州中部の「木曽川流域と対馬にはえ、さらに朝鮮、台湾、中国の暖帯に分布する落葉高木。高さ一〇mになる。樹皮は灰黒色。葉は対生しまれに互生、長さ五～一〇cm。花は晩春、属名はギリシャ語の雪と花の合字で白雪のように見事な花の意。和名のタゴは羽状複葉のトネリコをいうが、本種は単葉なので一つ葉であることからきた名。珍木でナンジャモンジャノキともいうが正しい名ではない。

とあり、ナンジャモンジャノキは正しい名ではないとの記述。その理由は属名にあるようだ。属名Chionanthus retusus Lindl. et Paxt.をギリシャ語字典で調べると、χιονεος は「雪のように白い」。ανθοςは「花」。ラテン語retususは「葉の形がややへこんだ」。「雪のように白い花 葉はややへこんだ形」となる。

属名はさておき、五月に雪を降らせる樹木であるヒトツバタゴ。名古屋ではヒトツバタゴの並木があるそうだ。

注

もう一本は小立野天徳院にある。

我が家前ペチュニア

園芸店でペチュニアの鉢植えを見ると花の大きい種、比較的小さい種、色も紫系統が多いのだが、紅色に近いもの、桃色に近いものと種類が豊富であり、花が長持ちする種のため家庭園芸品種としては最適である。しかし、鉢植えしたものは価格が数千円と高価なため、手が出ない。

そんな時偶々ホームセンターに花の比較的小さい苗ポット単体ペチュニアがあり、五、六個買ってきて家で鉢植えした。ペチュニアは花が次々と開花するが、一斉に咲き誇るタイミングを捉えるのは難しい花でもある。この写真は五月一一日何とか我が家前に咲き揃ったので撮影した画像だ。

『APG原色牧野植物大図鑑Ⅱ』では、ツクバネアサガオの項で、アルゼンチン原産のP.axillaris（Lam.）Britton et al.とP. violacea Lindl.との交雑によってつくられた園芸品。観賞用に庭に植えられる一年草。茎は高さ六〇㎝位。ときにつる状になって広がり一m以上にのび、葉とともに粘り気のある細毛が密生する。花は夏、花冠は径五～九㎝、大輪で径は一〇～一三㎝、花色は紫、紅、桃、白など品種は非常に多い。園芸上は属名のペチュニアで呼ぶのが一般的。和名衝羽根朝顔（つくばあさがお）。

即ち、petunia axillarisとp. violaceaの交配種（hybrida）で、axillarisは「腋窩の」、violaceousは「青紫色」の意で、花が腋窩形のペチュニアと青紫色のペチュニアの交配種。従って、属名は、Petunia×Hybridaである。

以前は五月白山市河内の「藤祭り」でペチュニアを買って来たのだが、最近は新型コロナ禍のため「藤祭り」は中止。来年こそ新型コロナが終息し、再開して欲しいものだ。

金沢城鼠多門

三年前位だったか、尾山神社裏手から尾崎神社へ至る道路が工事のため閉鎖され、香林坊から大手町へ行くには不便を感じたことがあった。この工事は平成二七年（二〇一五）金沢城公園第三期整備計画に位置づけられ、金沢城鼠多門等復元整備専門委員会が設置され開始された鼠多門・橋の復元工事であった。

正確には、鼠多門および鼠多橋は平成三〇年（二〇一八）六月に起工、令和二年（二〇二〇）七月に完成した。著者は完成後見学に行ったが、一城門としては壮麗であり、木造鼠多橋の精細さにも感心した。さすが加賀百万石の金沢城なのだ。

『金沢古蹟志（上）』では、鼠多門の項で、

この楼門は、玉泉院丸より金谷出丸へ通行の門也。金城深秘録に云う。玉泉院丸御門・御土蔵

は、利常卿御隠居以後被二仰付一。其節石垣積立、地形根切仕處、鼠夥敷土中より出候故歟、鼠多門と名付けられ、御土蔵の壁の色も鼠色に被二仰付一。鼠多出候故に、其色に被二仰付一歟。長屋を多門と申故、両様兼ての名目歟。といえり。一説には、此楼門の壁色鼠色なるにより鼠門と称せしを、俗にねづみ門と呼べるなり共いえり。

とある。即ち、玉泉院丸御門と土蔵建設の基礎を作るため地面を掘ると鼠が土の中から多数出てきたため鼠多門と名付けられた。

「一六六八年頃の金沢城」によれば、玉泉院丸からは堀を跨ぐ鼠多橋で現在の尾山神社地である金谷《かなや》出丸《でまる》に通じていた。しかも寛文八年（一六六八）頃には尾山神社は無く花畑であったそうだ。

鼠多橋の復元で、兼六園・金沢城・玉泉院丸庭園・尾山神社の回遊ルートができた。

増泉アヤメ

金沢市内で菖蒲《あやめ》の群生地は管見によれば、増泉二丁目専光寺―野町線と旧道が交差する地点の道路脇である。

増泉とアヤメの接点を『加賀志徴』上編で探索すると、「○増泉の清水」が存在する。

亀尾記に、此清水村中にありて、性軽く清くして、茶によくあうなり。又布を晒すに尤もよしとて、近郷こぞりて村民へさらさしむ。是がゆえに田地瘠して、下田なれども高免なりとぞ。

とあり、増泉は清水が豊富な湿地だったようだ。その名残としてアヤメ群落が現存していると考えられる。五月一二日の画像だ。

アヤメについては、「日本各地、および朝鮮、中国東北部、東シベリヤに分布し山野にはえる多年草。高さ三〇～六〇㎝で群生する。葉は長さ三〇～五〇㎝。花は初夏、径七～八㎝。ときに白花やごくうすい紅紫色の栽培品がある。また、アヤメが大群落をつくる所は必ずアヤメ平の名で呼ばれる。和名はあやめ文目《（ママ）》の意味で、葉の並列する様子から美しいあやがあると考えられた（『原色牧野植物大圖鑑』）」とある。

アヤメ平《だいら》は、「ようこそ天上の楽園へ！尾瀬『アヤメ平』でパノラマ独り占め」では、「アヤメ平は、標高約一九六〇m。群馬県側の登山口の一つである鳩待峠から徒歩二時間三〇分ほどの、静かな湿原です。鳩待峠から入山する多くのハイカーが、盆地状の尾瀬ケ原（一四〇〇m）を目指す中、その南側のアヤメ平方面は週末でも人はまばら。まさに知る人ぞ知るスポットです」とあり、アヤメ平は尾瀬ケ原メインコースの南に在り、著者も歩いていないのだが、静かで池塘《ちとう》が美しく山旅を満喫できる楽園のようだ。

増泉のアヤメは大群落とはいえないが、かつて清水があった生き証人でもある。

金沢神社前放生池キショウブ

一週間前一・二輪咲き出したのだが、咲き揃うのを待った五月一四日の画像だ。菖蒲《しょうぶ》は元来葉であり、これを用いて軒先に魔除けとして吊るしたり、風呂に入れてショウブ湯とする習慣が伝えられてきた。金沢で花の咲くショウブは放生池と第六章で紹介する卯辰山ショウブ園のみであり、しかも黄ショウブは珍しい。

『原色牧野植物大圖鑑』では、ヨーロッパ原産で、一八九六年頃日本に輸入され、各地の湿地や池畔に繁殖し野生化している多年草。丈夫な性質のため広く分布する。花は長さ一mに及ぶこともあり、やや軟質で脈条が隆起する。花は晩春。さくは多少垂れ下がり、のちに三列して褐色の種子を多数出す。和名は花色が黄色であることからいう。種子名はショウブ属に似たの意味。

とあり外来種なのだ。脈条とは葉の縦の線で、確かに中央の線は盛り上がっている。

学名はIris psedoacorus L.であり、psedoはラテン語で「偽」。acorusはacorus calamus即ち、ラテン語で「蘆《あし》」を意味する。従ってpsedoacorusは正確には「偽蘆」。ショウブは本は葉であり、「アシに似たアイリス（アヤメ）」の意である。

さて、金沢神社前放生池のキショウブ、兼六園のカキツバタと違って年々増えているように思う。キショウブは外来種だけにその繁殖力を考慮して、植えたと思われる。金沢神社は後述するように元は竹沢殿の鎮守として金沢城より遷し祀られた。その後、兼六園より分離し、金沢神社と放生池が現在の形となった。その際キショウブが植えられた。

とにかく、兼六園紫色のカキツバタと金沢神社放生池黄色のキショウブは両雄なのである。

医王山ウツギ（ウノハナ）

医王山登山へ五月一五日出掛けた。金沢から医王山へは、昭和五〇年代は石引方向から現在の小立野四丁目交差点を左折し、芝原石引線を進み、一旦坂を下り、小さな橋を越えて向かった。

現在は山側環状を進むと大きく医王山の標識があり、大桑方向からはその信号を右折し、太陽が丘を右に見て進み、医王山スポーツセンターを過ぎて湯涌との分岐を山側に行く。此の道は、江戸時代加賀藩の鷹《たか》狩《がり》場で、明治中頃からは金沢第九師団の演習場であった富山県南《なん》砺《と》市（旧城端町）立野原に通じていて、自衛隊が補修開鑿した道でもある。

写真の空《うつ》木《ぎ》は後述する西尾平手前に白い花が咲いていた。タニウツギはピンク色だがと思い、帰って調べるため撮影した画像だ。図書館で調べるとウツギ（卯の花）だった。

『ＡＰＧ原色牧野植物大図鑑Ⅱ』では、

日本各地に分布、山野にはえ、生垣や庭木として栽植する落葉低木。多く分枝し高さ一・五ｍ位。樹皮はよくはげる。若枝、葉、花序に星状毛がありざらつく。葉は対生し、長さ三～九㎝。花は晩春。和名空木は幹が中空でウツロの木の意味。別名ウノハナは空木花の略、また卯月に咲くからともいう。材は硬く木釘、ようじにする。

とある。ウノハナで思い出すのは、童謡《夏は来ぬ》。

卯《う》の花の、匂う垣根に
時鳥《ほととぎす》、早も来鳴きて
忍音《しのびね》もらす、夏は来ぬ

さて、中央アルプスには空木《うつぎ》岳（二八六四ｍ）が鎮座する。著者と長男とで槍ヶ岳（三一八〇ｍ）下山時、歩行者が「そらき岳」と言っていた。勿論、「うつぎ岳」であり、著者未登頂の山だ。

医王山鳶岩《とんびいわ》

『石川の山』では、「金沢とその近郊に住む人びとにとって、医王山は、白山、立山につぐ名山である。その雄大さ・植物・生活・山の幸等々いずれの部門にも一流性を具備している」と記された医王山。

キゴ山（五四六ｍ）の麓、見上峠から歩く人もいるが、著者は前節のウツギの自生地を越え、通常一〇台位の駐車場が完備している西尾平迄車で走行し、ここで駐車する。当日は九時過ぎに到着したため、道路脇の空き地に止め、九時二四分登山開始。

途中覗《のぞき》に到着。覗は古来大峯山等の山岳修行捨て身の行場だ。断崖絶壁の頂から上半身を乗り出させ、「親孝行するか」「仕事をちゃんとするか」と命綱を持った先達の声に修行者が「はい」と絶叫する場所だ。今は医王山覗にその面影は無く、難なく通過できる。

覗を通過し、大沼《おいけ》に一〇時一九分到着。そこから、医王山のハイライト鳶岩を目指す。このコースは古来有料であり、しかもロープ及び鎖も無く、ルートファインディグで攀じ登る難所であった。しかし、現在はしっかりした鎖が補助してくれるので高齢者でも安心して登攀可能。一一時五分画像の鳶岩に到着。ここからの眺めは登攀者の特権。

鳶岩からは尾根伝いに白兀山（八九六ｍ）を目指す。尚、覗から尾根伝いに鳶岩へ行くこともできる。但し、初心者は鳶岩を下らず引き返すのが常道。

一二時一五分白兀山到着。ここには、展望台があり、白山（二七〇二ｍ）を遠望し、昼食後一三時二五分石川―富山県境の夕霧峠に到着。郷愁をそそる散居村を眺め、車道を下り一四時一五分車駐車地点西尾平に帰着した。

医王山は著者の毎年訪れる山で、前述のコース以外の白兀山単独登山も可能。初心者でも是非訪れて欲しい低山である。

白鳥路サツキツツジ

五月一八日フジはどうかと白鳥路を歩いてみた。フジは未だだったが、白鳥路の公園下入り口に皐月《さつき》が咲き始めていた。やはり例年よりは早い。

ここには、前田利家像及び種々彫刻作家の芸術作品が並べられていて見飽きない。、夏には脇の用水にホタルが飛び交い、ホタル狩りも行われる。

白鳥路は『よみがえる金沢城1―四五〇年の歴史を歩む―』によれば、往時白鳥堀であり、百間堀と白鳥堀の間には以前土橋があり、兼六園と石川門を繋いでいた（『重要文化財金沢城石川門修理工事報告書』）。つまり、堀は連続せず土橋で遮られていた。

この白鳥路にサツキが開花した。正式名称は、サツキツツジである。『原色日本植物図鑑（木本編Ⅰ）』では、河岸の崖に野生する低木。下部からよく分枝し、高さ五〇―一五〇㎝、（中略）春葉は互生、倒披針形から長楕円形、両端とがり、ふちには微鋸歯があり、長さ二―三・五㎝、両面とふちにねた披針形褐色の毛がある。（中略）葉柄は二―五㎜。（中略）花は五月末から七月、枝の先の混芽から一まれに二個でる。（中略）花冠は漏斗状、（中略）朱赤色から紅紫色。内面上裂片に濃色の斑点がある。

と記載。「披針形 葉」によれば、披針形は針形なのだが、根本が披《ひら》く、即ち矢の様な形。倒披針形は扁平な楕円形をした針形だ。

又、斑点については、ツツジ属の花の花弁には斑点状の模様が多く見られる。これは蜜標（ガイドマークとも）で蜜を求める昆虫に蜜のありかを示している模様である（「ツツジ―ウィキペディア」）らしい。

サツキはツツジより花が小さく、密集すると華麗な品種。名前が示す如く皐月、即ち初夏を告げる花でもある。

本多公園ハコネウツギ

本多町中村邸前の本多公園には、上図の左側に見える本多家の由緒書きを記した屋根付き案内板がある。この横に白いウツギと思われる花が咲いていた。

所が、五月二一日ウツギと思っていた花に薄紅色の花が混在している事に気が付いた。調べるとウツギと違うハコネウツギのようだ。理由は、花の色が変わることだ。尚、同じ花の色が変わるニシキウツギは、はじめ淡黄色だが、紅色に変わるそうだ。従って、画像の白と薄紫の花の混在はハコネウツギと断定できる。

ハコネウツギについては、「北海道南部から九州の海岸付近にはえ、しばしば庭木として栽培される落葉低木。高さ三～五m、全体にほとんど無毛。枝は灰褐色で太く、若い枝は緑色。葉はやや厚く光沢がある。花は初夏、はじめ白だがしだいに紅色に変わる。和名は箱根《はこね》ウツギであるが箱根にはなく、誤認とされている（『原色牧野植物大圖鑑』）」とあり、箱根にない箱根ウツギである。

尚、本多家案内板には、

本多家は、藩政時代政重《まさしげ》から政以《まさざね》の一二代を数え、禄高は代々五万石を世襲した。政重は徳川家康の信頼が厚かった本多政信《まさのぶ》の次男である。徳川家を去って諸国を渡り歩き、慶長七年（一六〇二）、前田利長に仕えたが、まもなく上杉家の重臣直江兼続《かねつぐ》の養子となった。慶長一六年（一六一一）、再び金沢に来て前田家三万石で仕え、同年以降は五万石となり、以後前田家と徳川家の間柄の円滑化に努めた。

とある。戦国期関ヶ原合戦前徳川方は上杉方に対して謀反の疑いをかけ上洛等を要求した。その要求を拒否する旨の返状、いわゆる「直江状」の後政重は金沢へ来たようだ。金沢の懐の深さを示すエピソードだ。

西部緑地公園スイカズラ

金沢市立図書館の開館時間は一〇時なので石川県立図書館が休館の場合は朝西部緑地公園を散歩する。産業展示館四号館前を左折し、平成の森を抜け古府からの道路沿いを歩き、送電鉄塔横から伏見川を渡り陸上競技場を回って戻るコースだ。この古府からの道路沿いに珍しい植物が自生する。

石川県立図書館が月末休館日の五月三一日この花に遭遇。勿論名前は不明であり、金沢市立玉川図書館で調べるとスイカズラだと分かった。

スイカズラについては、「北海道南部から九州、トカラ列島、および朝鮮、中国に分布し、山野にはえる半常緑の右旋のつる性低木。若い時は短毛を密生。花は初夏、芳香あり、花冠の外面に軟毛がある。和名は花冠の形からいう。漢名菌銀花は、はじめ白から淡紅色、のちに黄色に変わってしおれるため。別名は冬の間も葉を落とさないことから忍冬《にんどう》という。葉は薬用（『原色牧野植物大圖鑑』）とあり、これも色が変わる種だ。
尚、YouTubeに因幡晃《忍冬《すいかずら》》という曲がある。その歌詞の後半を紹介しよう。

もっと楽な生き方してもいいのに
なぜかわざと淋しい道をえらぶの…
今日は今日の傷みが胸をしめても
ひとり席を立つまで泣きはしないわ
ばかなのね古いのね
死ぬまでひそかに愛するなんて　だけど…
いとしい花なら忍冬
夏でも秋でも春の日も
どうしてわたしのいとしさは
忍ぶという字がつきまとう

成程、忍冬と書いてスイカズラと読む。北国の冬の寒さにも耐え忍ぶ、古都北陸金沢に似合った花なのである。

文献

トニー・ロード、他一二名（小佐田愛子他翻訳）『FLORA フローラ』産調出版、二〇〇五
牧野富太郎『原色牧野植物大圖鑑』北隆館、一九八二
石川県金沢城調査研究所編『金沢城史料叢書㉗金沢城公園整備事業に係る埋蔵文化財調査報告書9　金沢城跡―鶴の丸第1次・新丸第1次・尾坂門・二の丸園路・数寄屋屋敷―』石川県金沢城調査研究所、二〇一六
「retuso」https://www.google.com/search?q=retuso&sxsrf=AOaemvIJA9YV-IL_UHKZMJvIxTIif_E_Kg%3A1636869156596&ei=JKSQYdThI7el2roP7MWj-Ag&oq=retuso&gs_lcp=Cgdnd3Mtd2l6EAMyBAgjECcyBwgAEIAEEAQyBwgAEIAEEAQyBwgAEIAEEAQyBwgAEIAEEAQyBwgAEIAEEAQyCQgAEIAEEAQQCjoJCCMQsAMQJxATOgkIABCwAxAHEB46BwgjELACECc6BAgAEBM6CAgAEA0QHhATOgoIABANEAoQHhATOggIABAFEAoQHkoECEEYAVCOVViyXmCTZmgDcAB4AIABYogBhwKSAQEzmAEAoAEByAEIwAEB&sclient=gws-wiz&ved=0ahUKEwjUg_3kIJf0AhW3kIYBHeziCI8Q4dUDCA4&uact=5&shem=ssmd
邑田仁・米倉浩司篇『APG原色牧野植物大図鑑Ⅱ』北隆館、二〇一三

"THE NEW CAXTON ENCYCLOPEDIA" VOLUME FOURTEEN, The Caxton Publishing company Limited
森田平次『金沢古蹟志（上）』歴史図書社、一九七六
石川県教育委員会事務局文化財課金沢城研究調査室編『よみがえる金沢城1―四五〇年の歴史を歩む―』北國新聞社、二〇〇六
日置謙校訂『加賀志徴』上編復刻、石川県図書館協会、一九六九
「ようこそ天上の楽園へ！尾瀬『アヤメ平』でパノラマ独り占め」https://www.travel.co.jp/guide/article/40673/
深田久弥『日本百名山』新装版、新潮社、一九九四
石川の山編集委員会編『石川の山』石川県山岳協会、一九八九
三浦譲編『全国神社名鑑』〈上巻〉全国神社名鑑刊行会史学センター、一九七七
文化財建造物保存技術協会編『重要文化財金沢城石川門修理工事報告書』石川県、二〇〇一

四

北村四郎・村田源『原色日本植物図鑑（木本編Ⅰ）』保育社、一九七一
「披針形 葉」https://www.google.com/search?q=%E6%8A%AB%E9%87%9D%E5%BD%A2+

%E8%91%89&sxsrf=AOaemvKTL5HwMgnyfs6_uHrUOYQVRZ1OOQ:163763033
3084&tbm=isch&source=iu&ictx=1&fir=PLYN1KIm3bVP8M%252Cs9C3tvTaQd
ywYM%252C_%253Bp1S5bTgP7mPJVM%252CjZCw1dKTyRcnwM%252C_%25-
3BIJulj41mNFqkKM%252CqZGRDQNI-mXAsM%252C_%253BPfSlezX4RUDENM%252C
D6Kl8M9NJdNBzM%252C_%253BtckFCUExbsSeNM%252CjWDujTALDpFcdM%252C_
%253Bey2DOOKEOPxrbM%252CjWDujTALDpFcdM%252C_%253BvHcr_UpupP14GM%
252C4G6EIrOxHyjGhM%252C_%253B4mShofIIW_HrPM%252CVPSwhkzsjIUIGM%252
C_%253BZNqWCTgmHK_XWM%252CpwBcowCflEdueM%252C_%253BQCzx1izmz9VT
yM%252CpwBcowCflEdueM%252C_%253B3VMrkA4zZiSf1M%252CxLDNdBz44iz2EM
%252C_%253B1Wo4v8vuL5YIrM%252CuQDq4o-X4Ss8XM%252C_%253BiX0kdf87hr
bVhM%252CKdnbXgshAcz5aM%252C_%253BsPcLWIh5T8t9HM%252CjWDujTALDpF
cdM%252C_&vet=1&usg=AI4_-kTvQ5LJxHn_YNIMZeeEY-QO4LnNxw&sa=X&ved=2ah
UKEwjG3JqyqK30AhXKrlYBHYOEDdgQ9QF6BAgFEAE#imgrc=iX0kdf87hrbVhM
「ツツジ—ウィキペディア」https://ja.wikipedia.org/wiki/%E3%83%84%E3%83%84%E3
%82%B8

第六章　六月

水無月

六月は水無月。水無月の由来は、「『無』は、『の』にあたる連体助詞『な』であるため、『水の月』という意味になります。今まで水の無かった田んぼに水を注ぎ入れる頃であることから、『水無月』や『水月《みなづき・すいげつ》』『水張月《みずはりづき》』と呼ばれるようになりました」とあり、水の月の意味だそうだ。和菓子水無月は京都だけではない、金沢にもある。六月二日買った浦田製水無月の画像である。

「水無月―ウィキペディア」では、

水無月（和菓子）―和菓子の一種で、六月三〇日の夏越祓《なごしのはらえ》に、過ぎた半年の穢れを祓い、来る半年の無病息災を願って食べる。外郎《ういろう》の上に小豆の粒餡を散らしたようなもので、三角形に切り分けて売られることが多い。

とある。

金沢では六月三〇日の夏越祓には後述する氷室饅頭を食べるのだが、本家本元の京都ではどうなのであろうか。

「京都発祥の和菓子『水無月』六月にだけ食べられるその理由とは?」では、「一年の折り返し地点である六月京都以外の地域でも今も行われている『夏越の祓』の茅の輪くぐりですが、それとともに重要なアイテムが『水無月』となっています。かつて宮中の貴族たちの間には、『夏越の祓』の際に氷を食べて暑気を払う習慣があり、氷室《ひむろ》と呼ばれる氷の貯蔵庫から氷を運ばせていました。しかし当時の氷は大変貴重。庶民が食べられる物ではありませんでした。そこで麦の粉を練って蒸した、ういろうを三角形に切った、氷に似せたお菓子を作って食べていました」とあり、水無月は庶民の食べ物であり、新暦七月京都市東山区八坂神社の祭礼である祇園祭の頃に食されるようだ。

卯辰山花菖蒲園エドニシキ

画像の紫色の菖蒲は「江戸錦」と命名されていた花ショウブで、六月五日の画像だ。天神橋を渡り、東山への道を左に見て、S字カーブの卯辰山公園線を道なりに二〇〇m程進むと花菖蒲園がある。花菖蒲園には画像のショウブの他多種のショウブが植えられていて、金沢の初夏を彩る風物詩となっている。

卯辰山は、過去ヘルスセンター、動物園等があり、卯辰山見晴台は浅野川上流の山間部から金沢中心部までを見渡すことができる眺望の良さを誇る。又、相撲場があり高校相撲の聖地でもある。

『加賀志徴』下編には「宇多須山」の項がある。読んでみよう。

今卯辰山。○汲古北徴録に載たる、慶安二年十二月の古書に、宇多須山とあり。(中略)宇多須山は今の卯辰山にて、後世宇多須を呼誤て卯辰と称するよし。（中略）卯辰山といえる事も慶長以前の事と見えて、石浦慈光院所蔵、慶長十一年八月の石浦七ケ村申状に、はせの御観音様、近年卯たつ山へ引取申、又此の近年かのとうしのとし、河北郡之内うたつ山へ、御観音様御引被レ成などあり。〇一説に、石川郡犀川の川上なる辰巳村および宇辰村卯辰山の名は、いにしえ金澤の城地に本願寺の末寺なる本源寺ありたる比、其地より辰巳の方に當れる故に辰巳村と称し、卯辰の方に當れる山なれば、卯辰山と称せし遺名なり。

とある。尚、辰巳は東南、卯辰は東南東の方向である。

ショウブは五章で述べたキショウブだけではない。蘆から進化した種とは思えない。六月が楽しみな卯辰山花菖蒲園だ。

緑の小径ガクアジサイ

今年は桜を含め花の開花日は早い。もしかしてと思い、アジサイを探すと、六月七日緑の小径で額紫陽花《がくあじさい》を見付けた。

ガクアジサイは主に山岳地に多いヤマアジサイ系統で、ヤマアジサイは、医王山及白山周辺の山を登ると六月中・下旬、もしくは七月に開花する。即ち、山岳地でのヤマアジサの開花は海抜に準じて遅く、市街地に進出したガクアジサイは六月上旬に開花する。

『原色牧野植物大圖鑑』では、

本州関東南部・伊豆半島・伊豆諸島など暖地の海岸に近い山地にはえ、また観賞用に広く栽植する落葉低木。高さ二m位、枝は太い。葉は対生し、厚く光沢あり長さ一〇～一五㎝。花は夏、枝先に集まり、がく片四～五枚からなる装飾花を周囲に、両性花は中央にあり小さい。がく片五、花弁五、雄しべ一〇、宿存性花柱が三〜四ある。和名は装飾花を額にたとえた名。種小名は大葉の意。

とある。ここで、装飾花とは、「装飾花―ウィキペディア」によれば、「小柄な花が多数集まった花序を作る植物で、それが多数の花の並んだ盤面を作るような場合、その中に、雄しべ雌しべが発達した花と、それらの発達が悪く、代わりに花弁のような構造が大きく発達した花があることがある。花弁の大きい方は、普通はその花序の周辺に出る。この場合の外側の花弁の発達した花を装飾花という。内側の花を両性花という」とある。つまり、生殖器官としての花の機能を失い、訪花動物を誘引するための構造のみが発達しているのが装飾花。雄しべ雌しべが発達した内側の花は両性花。ガクアジサイでは装飾花と両性花。アジサイはすべて装飾花である。

尚、アジサイは有毒な物質を持つので、刺身のつまのアジサイを食してはならない。

金沢神社前ホタルブクロ

六月八日金沢神社前に白と紫の花が目に付いた。ひょっとしたらこれがホタルブクロかと思い撮影し、図書館で調べると間違いない。以前から六月金沢神社前を散歩で良く通った。しかし、気が付かなかった種で、開花期が短いため見落としていたようだ。

『岩波生物学辞典』では、ホタルブクロ（Campanula）はキキョウ目であり、キキョウ目キキョウ科には、キキョウ、ツルニンジン、ホタルブクロ、ツリガネニンジン、サワギキョウがある。

ホタルブクロについては、「東アジアの温帯に分布し、日本各地の山野にはえる多年草。地下のつる枝を出しても繁殖する。高さ三〇～八〇㎝、根生業は卵心形で長い柄があるが花時にはない。花は初夏、白色または淡紅紫色。若葉は食用となる。和名はこの花でホタルを包んだので起こったという。漢名山小葉を慣用。種小名は斑点ある意。がく片の間のそりかえる付属物がなく全体に毛が多いヤマホタルブクロがある（『原色牧野植物大圖鑑』）」とのこと。

即ち、ホタルブクロは捕虫植物の如き名前であるが、ホタルを包んだ様だ。成る程、夜ホタルブクロにホタルを入れると素敵な光のページェントであろう。

さて、ホタルブクロの学名は、Campanula punctata Lam.であり、ラテン語campanulaは「小鐘」、punctatusは「まだらな」。イタリア語でcampanellaは同じく「小さな鐘」だ。鐘で思い出すのは、ニコロ・パガニーニの超絶技巧ヴァイオリン協奏曲第2番《ラ・カンパネラ》。第三楽章で主題の反復のたびに小さな鐘が鳴る。

日本ではホタルブクロ、イタリアでは「小さな鐘」。お国柄の違いはあるが、神社と教会。宗教の共通点は興味深い。

金沢城五十間長屋

金沢城復元工事の内五十間長屋は平成一三年（二〇〇一）完成した。加賀百万石は長い。これを写真で写そうとすると納まらない。所が、六月一〇日橋爪門側に寄り撮影すると比較的瀟洒な写真になる事が分かった。その画像だ。

第二章で述べた『金沢城公園　菱櫓・五十間長屋・橋爪門続櫓等復元工事報告書』の後編を略述しよう。

利家死後慶長七年（一六〇二）一〇月、雷火で本丸天守閣が焼失し、大台所・新亭など本丸屋敷が類焼した。天守閣は、その後再建されず、代わりに三階櫓を造営した。宝暦九年（一七五九）四月城下町金沢は未曾有の大火に見舞われ金沢城本丸・二の丸・三の丸など主要部分が全焼し、幕府から五万両借り受け、宝暦一三年（一七六三）二の丸御殿「奥」が再建された。五十間長屋と橋爪門続櫓の再建は、天明五〜七年の菱櫓に続き天明八年頃（一七八八）行われた。

明治維新の後、明治四年（一八七一）の廃藩により金沢城は明治政府兵部省の所管となり、明治一八年（一八八五）に第六旅団本部、明治三一年（一八九八）には二の丸に第九師団司令部が置かれ、新丸と鶴の丸には歩兵第七連帯（明治八年設置）の兵舎が建設された。

戦後、金沢大学の敷地として利用されたが、平成八年（一九九六）石川県に譲渡され、金沢城公園として整備され現在にいたる。

文化元年（一八〇四）―一一年津田政隣の事蹟の記録『政隣記』には、「虎の御間へ相通可申候」との記述がある。新聞でも報道された二の丸御殿虎の間。復元され、早く拝見したいものだ。

兼六園噴水とサツキツツジ

六月一四日兼六園はと思って出掛けると、噴水の前の皐月が綺麗。サツキは淡紅色が多いのだが、このサツキは色鮮やかな真紅。その画像である。

サツキツツジについては前章でも紹介したが、『原色牧野植物大圖鑑』では、

観賞用に栽植され、しばしば本州関東以西・四国・九州の河岸の岩上に野生する常緑低木。下部から分枝し、高さ二〇〜九〇cm、枝や葉に褐色毛がある。葉は長さ二〜三・五cm。花は初夏、通常一個ずつ径三・五〜五cm、雄しべ五。和名は陰暦五月に咲く意味。皐月《さつき》ツツジと書くが一般には略してサツキという。種小名はインド産だがインドにはなく、日本の特産である。

とある。サツキはサツキツツジの略称だが、サツキで

十分通用する。

さて、「日本最古の噴水」と銘打つ噴水の原理を探求しよう。理想流体の定常流に適用されるベルヌーイの定理は次式で表される（『最新機械工学シリーズ6水力学』）。

$$\frac{p}{\gamma}+\frac{v^2}{2g}+z=一定$$

ここで、p/γ を圧力ヘッド、$v^2/2g$ を速度ヘッド、zを位置ヘッドと呼ぶ。兼六園虹橋地点を1、噴水地点を2とすると、

$$\frac{p_1}{\gamma}+\frac{v_1^2}{2g}+z_1=\frac{p_2}{\gamma}+\frac{v_2^2}{2g}+z_2=一定$$

地点2の支持水頭H_2は、

$$H_2=\frac{p_2}{\gamma}=\frac{p_1}{\gamma}+\frac{1}{2g}(v_1^2-v_2^2)+z_1-z_2$$

地点1で噴水を設けた場合の支持水頭を

$H_1=\frac{p_1}{\gamma}=0$ 、開渠で流れるため水流の速度は同じ（$v_1=v_2$）とすると、

$$H_2=z_1-z_2$$

即ち、2地点での噴水の高さは高度差 z_1-z_2 に等しい。兼六園虹橋地点と噴水地点の高度差を二一mとすれば、噴水地点の噴水の高さは二一mとなる。

本多町ナツツバキ

本多町を散歩すると珍しい花によく出会う。六月一六日ブロック塀越に白いツバキのような花を発見。夏にしてはツバキはおかしいので、沙羅双樹《さらそうじゅ》ではないかと思い、図書館で調べる。『図説草木辞苑』には、「①インド原産の常緑大高木（自生）。和名はSala梵語より。釈迦入滅の時、臥床の四方に二本ずつあったこの木が白花を開いて林を蔽《おお》い程なくして枯れたと伝える。②夏椿《なつつばき》の別称」とある。

「祇園精舎《ギオンシヨウジヤ》の鐘《カネ》の声《コエ》、諸行無常《シヨギヨウムジヨウ》の響《ヒビキ》あり。沙羅双樹《シヤラソウジユ》の花《ハナ》の色《イロ》、盛者必衰《シヨウジヤヒツスイ》のことわりをあらわす」で有名な『平家物語』に出てくる沙羅双樹かと思われたが、別名夏椿とのこと。

ナツツバキについては次の様な記載がある。「(シャラノキ)〔ナツツバキ属〕本州新潟県以南・四国・九州の山中にはえ、また庭に栽植する落葉高木。高さ一五m位。葉は厚く互生し、長さ一〇cm位。花は初夏、径五cm位、花弁は緑にきょ歯がある。花の終りに近づくと緑のがく片が強く中央に寄り集まって、花弁を押し出して落とす。和名は夏にツバキのような花を開くためにいう。別名シャラノキはインドの娑羅樹《しゃらのき》と間違ったことに基づく（『原色牧野植物大圖鑑』）」そうである。

即ち、ナツツバキはシャラノキとも呼ばれるが、沙羅双樹ではない。「Google 沙羅双樹」で見るとナツツバキと沙羅双樹は確かに似ている。しかし、「サラソウジュは、フタバガキ科サラノキ属の常緑高木。シャラソウジュ、サラノキ、シャラノキともいう。ただし、これらの名で呼ばれ、日本の寺院に聖樹として植わっている木のほとんどは、本種ではなくナツツバキである」とも書かれている。

本多町の仏教寺院ではない一民家を可憐な色彩で彩るナツツバキ。沙羅双樹と呼びたいのだが沙羅双樹を見ていないので確認はできないナツツバキである。

放生池スイレン

六月一七日放生池のスイレンが綺麗に咲き出した。

先ず、スイレンとハスの違いについては、「睡蓮《すいれん》の花咲く季節！種類や育て方、蓮《はす》との見分け方まで」に記載されている。

スイレン科

花：水面に浮くように、あるいは少し水面から立ち上がって咲く。花後は水中に沈む。

葉：水面に浮いているように見える。表面に光沢があり円形で、切れ込みがある。水を弾かない。

蓮の特徴

ハス科

花：水面から一m以上高く茎を伸ばした先に咲く。花の直径は二〇㎝くらい（チャワンバスは一〇㎝程度）

葉：水面から高く伸びた先に葉を広げる。光沢はなく水を弾く。丸く大きな一枚の葉。
つまり、スイレンの花は水面に浮くように、ハスは水面から高く茎を伸ばした先に咲く。画像はスイレンだ。所が、『原色牧野植物大圖鑑』では、ヒツジグサ（スイレン）として、

Nymphaea tetragona Georgi var. angus ta Casp.
日本各地、およびシベリア、中国、北インド、ヨーロッパの温帯から暖帯に分布。池や沼にはえる多年生の水草。無毛。根生葉は束生。水面に浮かび長さ一〇〜一二㎝で滑らか。花は夏、径五㎝位の白い花が開き、夜間は閉じ、二〜三日開閉をくり返す。和名は未の刻、今の午後二時に開くから。しかし一定ではない。漢名睡蓮、子午蓮。
属名は水の女神の名。

とある。睡蓮は漢名とのことだ。尚、属名Nymphaeaはラテン語でスイレン。nymphaはニンフ、水の精である。
北陸地方ではヒツジグサとは言わず、漢名睡蓮と呼ぶ。モネの名画は『睡蓮』なのだ。

柿木畠クチナシ

柿木畠は和食・中華・イタリアン等の料理店が並び、観光客の行列ができる町である。六月一七日その一角を通りかかると白い花、「くちなしの白い花おまえのような花だった」と歌われていた梔子《くちなし》だ。

クチナシは、「本州静岡県以西から琉球、および台湾、中国の暖帯から亜熱帯に分布。山林下にはえ、また観賞用に栽培される常緑低木。葉は長さ五～一一cm。花は初夏、径六～七cm、芳香がある。和名口《くち》無《な》シは熟しても開裂しない果実に基づく。また宿存するくちばし状のがくをクチと呼び、細かい種子のある果実をナシに見立てた名ともいう。果実は染料や薬用にする。漢名梔子（『原色牧野植物大圖鑑』）」とある。

『太平廣記』には、「梔子花　諸花少六出者。唯梔子花六出」と記載されている。「六出」とは何かと思い『角川大字源』を見ると、「六出《りくしゅつ》　雪の異称」とのこと。成る程、「諸々の花で雪に見紛《みまが》う花は少ない。唯クチナシの花だけが雪と見紛う」の意だ。即ち、「六出」はどうも雪の結晶六角形を意味しているようだ。正に中谷宇吉郎『雪』の世界、雪国金沢に相応しい花なのである。

　さて、クチナシの花香る柿木畠、その歴史を繙こう。『金澤古蹟志　第五編』には、「此の地は、南は竪町口茜屋橋を境い、西は御厩橋までの間を上柿木畠とし、御厩橋から香林坊までの間をば下柿木畠と称す。此の地邊、むかしは都て火除地の為、柿の木を植え置かれしゆえに柿木畠と称し、その邸地となりにし後は町名に呼ぶことゝなれり」とある。野町広小路もそうだが火除地、即ち火事延焼を防ぐための空き地に柿の木を植えた訳だ。

　現在でも、知事公舎向かい柿木畠入口には柿木、料理店前にも柿木が植えられ、その面影を留めている。

広坂アジサイ

ガクアジサイは早かったのだが、紫陽花の見頃は例年並み。六月一七日石川四高記念文化交流館向かいに水色とは異なる紅紫色のアジサイが綺麗。車道センターライン脇の空き地で撮影した画像だ。

アジサイについては、「観賞用として広く栽植する落葉低木。ガクアジサイを母種とした園芸種で茎や葉は同じ。花は初夏、全部が装飾花のがく片で、花弁、雄しべ、雌しべは退化し結実しない。和名のアジはアツで集まること、サは真、イは藍の約されたもので青い花が群れて咲くからだという。漢名紫陽花。八仙花、瑪哩花などは中国産のもので本種に似るが別種(『原色牧野植物大圖鑑』)とある。

即ち、アジサイは全て装飾花で、雄蕊や雌蕊が退化しており、実を結ぶことはない品種である。

アジサイの向こう側に見えるレンガ造りの建物、これが旧第四高等学校、現在の石川四高記念文化交流館で、著者が金沢大学在学時化学の実験を行った建物だ。『金沢大学五十年史　通史編』第四高等学校前史を紹介する。

金沢の地に西洋の学問を教える学校が誕生したのは安政元年（一八五四）である。名称を壮猶館《そうゆうかん》といい、金沢・上柿木畠に設置された。現在の石川県知事公舎横に壮猶館の門構えが残っている。後述する大屋愷敆《よしあつ》が翻訳方を務めた名門だ。

その後、壮猶館に次いで外国語を教える学校が誕生した。道済館《どうせいかん》である。金沢藩の藩費留学生はフランス学に通じ、また漢学にも造詣の深い吉本順吉と知り合い、江戸で民家を借りて彼に就いて学んでいた。吉本を金沢に招き学塾を開いた。明治元年（一八六八）藩校道済館と命名された。

現在の金沢大学へと辿る続編は、以降金沢大学関連の節で述べよう。

本多町松風閣庭園

六月一七日本多町鈴木大拙館横の裏手から松風閣庭園に入ってみた。サツキは見頃を過ぎていたがさすが本多安房守の下屋敷。往時の面影を忍ばせる風情である。「金沢市の文化財と歴史遺産松風閣庭園」では、

松風閣庭園は江戸時代初期に、古沼と自然林を生かして作庭された庭園で、霞ケ池の周辺には多くの大木が植生し、本多の森と一体の樹林を形成しています。この豊かな樹林を背景にして、蓬莱島を浮かべる霞ケ池は、奥行きと広がりを感じさせ、静寂で深遠な庭園空間を構成しています。

また、旧加賀八家本多家下屋敷跡に位置する庭園は、本多家ゆかりの松風閣が移築され、かつて辰巳用水から霞ケ関に導水されていた水路跡を遺し、旧加賀八家筆頭本多家の威光を今に伝えてい

ます。

元和元年（一六一五）、本多政重が三代藩主利常から現在地の周辺一帯約一〇万坪を与えられ、下屋敷地として本多家家臣団が居住する区域となりました。本多家二代政長《まさなが》は茶人の金森宗和と親交があり、宗和の子方氏が寛永二年（一六二五）宗和の代人として加賀藩に仕えたことから、その指導を受けて作庭したものと推定されます。

明治一九年（一八八六）に元本多家上屋敷から移築された旧広坂御広式御対面所が、明治四〇年（一九〇七）現在地に再移築された際に「松風閣」と改称され、庭園も松風閣庭園と呼ばれるようになりました。昭和四三年（一九六八）、北陸放送会館が竣工し、松風閣に増築するかたちで高台荘が完成しましたが、その際に庭園の曲水、護岸の一部が改修され今日に至っています。


とある。ＭＲＯ入口からも入れるのだが、受付での許可が必要。加賀藩武士階層の庭園代表である名園を是非観賞して欲しい。

兼六園キンシバイ

一週間程前金沢大学角間キャンパス道路沿い、生協脇の傾斜地に金糸梅《きんしばい》が咲いていた。六月二四日兼六園霞が池々辺にも確認でき、その画像だ。

『原色牧野植物大圖鑑』では、

中国中部原産。一七六〇年頃日本へ渡来し、観賞用に栽植され、また産地の人家付近の湿った崖などに野生化している常緑小低木。束生し、よく分枝し高さ一m位、枝は垂れ下がり無毛。葉は柄なく長さ二cm位、すかすと明るい油点が見える。花は初夏、径三cm位、つやがあり巴状に重なり合う。和名は慣用漢名金糸梅の音読み。漢名雲南連翹、芒種花。

とあり、金糸のような雄蕊が、黄色い花の中心に約六〇個、五本ずつの束になって収まっていて、花の後には実ができ、黒褐色に熟す。

キンシバイの育て方としては、「鉢植えを購入し、庭植えにして栽培するのが一般的。増やす方法は挿し木だという。キンシバイの増やし方として、「さし木：開花前の五月上旬から六月の新梢が堅くなりかける時期に、枝を長さ一〇㎝ほどで切り取ります。蕾を切り落とし、先端の葉四～六枚を残して、赤玉土小粒やさし木用土を使って葉が触れ合うぐらいの間隔でさします（「みんなの趣味の園芸　キンシバイ」）」とあるので、挿し木で増える。野生化するには、折れた枝で、湿った崖に落ちた枝が増殖するとしか考えられない。

金沢大学角間キャンパスに咲くキンシバイは鉢植えを植え付けたとは考えられず、野生種だろう。では、兼六園霞が池々辺に咲くキンシバイはどうだろうか。霞が池掘削時に植え付けたと思われるが、定かではない。

梅と名が付く。しかし、日本漢名弟切草（オトギリソウ）属のキンシバイ。花は梅に似て、黄色であることが名前の由来である。

石浦神社茅の輪

令和二年（二〇二〇）は東京オリンピック開催の年であったが、新型コロナのため二〇二一年七月に延期された。六月二四日広坂石浦神社前を通りかかると不思議な形の茅の輪に気が付いた。成程五輪マークの茅の輪である。フェイスブックでは「どうして潜ればいいのか」との投稿もあった。

茅の輪について「大祓―ウキペディア」では、民間では、毎年の犯した罪や穢れを除き去るための除災行事として定着した。民間の場合、六月のものは「夏越《なごし》の祓《はらえ》」、一二月のものは「年越《としこし》の祓《はらえ》」と呼び分けられる。（中略）

夏越の祓では多くの神社で、茅《ち》の輪《わ》潜《くぐ》りが行われる。参道の鳥居や笹の葉を建てて注連縄を張った結界内に茅で編んだ直径数ｍほどの輪を建て、ここを氏子が正面から最初に左回り、次に右回りと　八字を描いて計三回くぐることで、半年間に溜まった病と穢れを落とし残りの半年を無事に過ごせることを願うという儀式である。かつては茅の輪の小さいものを腰につけたり首にかけたりしたとされる。

これは、『釈日本紀』逸文の『備後国風土記』に記されている疫隈国、素盞鳴神社の蘇民将来伝説に由来するものである。

とのこと。『風土記逸文備後國』には、

> 蘇民将来《そみんしょうらい》「茅《ち》の輪《わ》を以《も》ちて、腰《こし》の上《うえ》に着《つ》けしめよ」とのりたまいき。詔《みことのり》の随《まま》に着《つ》けしむるに、即夜《そのよ》に蘇民《そみん》の女子《むすめ》一人《ひとり》を置《お》きて、皆悉《ことごと》にころしほろぼしてき。即《すなわ》ち、詔《の》りたまいしく、「吾《あ》は早須佐雄《はやすさのを》の神なり。後《のち》の世に疫氣《えやみ》あらば、汝《いまし》、蘇民将来《そみんしょうらい》の子孫《うみのこ》と云《い》いて、茅《ち》の輪《わ》を以《も》ちて腰《こし》に着《つ》けたる人は免《まぬが》れなん」と詔《の》りたまいき。

即ち、疫病対策は勿論、各種災い避《よ》けには茅の輪を腰の上に着けよとのお達しだ。

氷室《ひむろ》饅頭

金沢には氷室饅頭を食べる習慣がある。

夏七月一日、金沢では「氷室の日」と呼ばれ、藩政時代には旧六月朔日を「氷室の朔日」と呼んでおり、毎年冬の間（大寒の雪）に白山山系に降った雪を氷室に貯蔵し、六月朔日になるとこの雪を「白山氷」と名付け、桐の二重長持ちに入れて江戸の徳川将軍へ献上していた（「氷室」ゆわくについて「湯涌温泉観光協会」）とあり、神主のお祓いの後、湯涌温泉観光協会会長がおもむろに雪を献げる神事を見たことがある。

六月二五日少し早いが、デパートには氷室饅頭が並んでいたので、金沢森八製氷室饅頭を買ったところ次のような説明書きが入っていた。

加賀藩政期、前田家では旧暦六月一日に山中の氷室を開き、冬の間貯えておいた雪氷を遠く江戸将軍家に献上していました。長い道中、無事に氷が届けられるよう、庶民の間では麦饅頭を神仏に奉納し、その後、無病息災を祈願して食された風習が氷室饅頭として今日まで伝えられました。

現代では、氷室が開かれた七月一日に、夏の暑さを乗り切り健康を願って食される氷室饅頭は、娘の嫁ぎ先に持参され、親類縁者・近隣にも配られるという慣習を残し、初夏の風物詩として加賀金沢の街に伝え続けられています。

夏越祓ともいえる氷室饅頭は暑気払いの意味もあり、和菓子屋では各種饅頭を取り揃えている。中には酒饅頭もあり、選択に迷う氷室饅頭である。

尚、氷室跡は兼六園にもある。『兼六園全史』によると、山崎山麓竹沢御殿上坂口近くの奥まった場所にあったようだ。鬱蒼たる室の写真も掲載されている。

金沢大学角間キャンパスネムノキ

後述する《ねむの木の子もり歌》は知っていたが、ねむの木は知らなかった。金沢大学が角間に移転し、附属図書館中央図書館にしばしば通う内、中央図書館前にピンクの刺のような花を咲かせる木があることに気が付いた。調べるとネムノキであった。今年もネムノキの花が開花した。六月二九日の画像だ。ネムノキについては、

「本州・四国・九州、および朝鮮、台湾、中国さらに南アジアに分布し、山野にはえる落葉高木。高さ六～九m。花は初夏、枝先に多数の頭状花序をつけ夕方開く。花弁は小さく雄しべ多く花糸は長く、三～四cmが装飾する。豆果は長さ一二cm内外。和名は小葉が夜間は閉じて睡眠することによる。別名コウカは漢名合歓の転訛名。材は小型家具、器具製作に用いる（『原

色牧野植物大圖鑑』）」とある。花は夜開き、葉は夜間は閉じて睡眠するためネムノキと呼ばれる。

皇太子妃美智子殿下作詞、山本正美作曲《ねむの木の子もり歌》を紹介しよう。

ねんねの　ねむの木　眠りの木
そっとゆすった　その枝に
遠い昔の　夜《よ》のしらべ
ねんねの　ねむの木　子もり歌

うすくれないの　花の咲く
ねむのこかげで　ふと聞いた
小さなささやき　ねむの声
ねんね　ねんねと　歌ってた

ふるさとの夜《よ》の　ねむの木は
きょうも歌って　いるでしょうか
あの日の夜《よる》の　ささやきを
ねむの木　ねんねの木　子もり歌

上皇后様の優しさ溢れる子守歌である。

文献

「水無月—ウィキペディア」https://ja.wikipedia.org/wiki/%E6%B0%B4%E7%84%A1%E6%9C%88

「京都発祥の和菓子『水無月』六月にだけ食べられるその理由とは?」https://cookbiz.jp/soken/culture/minaduki_wagashi/

『加賀志徴』下編復刻、石川県図書館協会、一九六九

牧野富太郎『原色牧野植物大圖鑑』北隆館、一九八二

八杉龍一・小関治男・古谷雅樹・日高敏隆編『岩波生物学辞典』第4版、岩波書店二〇〇五

「装飾花—ウィキペディア」https://ja.wikipedia.org/wiki/%E8%A3%85%E9%A3%BE%E8%8A%B1

田中修『植物のいのち』中公新書、二〇二一

『金沢城公園　菱櫓・五十間長屋・橋爪門続櫓等復元工事報告書』石川県土木部営繕課、二〇〇三

(代)高木喜美子・笠嶋剛・南保信之・真山武志・森下正子校訂・編『津田政隣政隣記耳

目甄録廿二』桂書房、二〇二二
国清行夫・木本知男・長尾健『最新機械工学シリーズ6水力学』森北出版、一九八一
木村陽二郎監修『図説草木辞苑』柏書房、一九八八
梶原正昭・山下宏明校注『平家物語』上、岩波書店、一九九一
「Google 沙羅双樹」https://www.google.com/search?q=%E6%B2%99%E7%BE%85%E5%8F%8C%E6%A8%B9&oq=%E6%B2%99%E7%BE%85%E5%8F%8C%E6%A8%B9&aqs=chrome..69i57j46i39i414i424i512j0i512l8.2077j1j15&sourceid=chrome&ie=UTF-8
「睡蓮（スイレン）の花咲く季節！種類や育て方、蓮との見分け方まで」https://lovegreen.net/flower/p252990/
李昉等編『太平廣記』五、人民文學出版社、一九五九
中谷宇吉郎『雪』岩波文庫、一九九四
金澤文化協會代表者中島徳太郎『金澤古蹟志　第五編』金澤文化協會、一九三四
金沢大学五十年史編纂委員会『金沢大学五十年史　通史編』金沢大学創立五十年記念事業後援会、二〇〇一
日置謙『改定増補加能郷土辞彙』北國新聞社、一九七九

「金沢市の文化財と歴史遺産　松風閣庭園」https://www4.city.kanazawa.lg.jp/11104/bunkazaimain/shiteibunkazai/kinenbutsu/syohukaku.html
「みんなの趣味の園芸　キンシバイ」https://www.shuminoengei.jp/m-pc/a-page_p_detail/target_plant_code-894/target_tab-2
「大祓―ウィキペディア」https://ja.wikipedia.org/wiki/%E5%A4%A7%E7%A5%93
秋本吉郎『風土記』岩波書店、一九五八
「氷室―ゆわくについて―湯涌温泉観光協会」https://yuwaku.gr.jp/himuro/
兼六園全史編纂委員会編『兼六園全史』兼六園観光協会、一九七六
加藤正夫発行《ねむの木の子もり歌》日本放送協会、一九六六

第七章　七月

本多町ムクゲ

昼の散歩コースを歩いていてムクゲかフヨウか分からない花を発見。朝は白色、午後は薄紅、夜は紅色に変わる酔芙蓉《すいふよう》もあるので撮影。七月一日の画像だ。

先ず『原色牧野植物大圖鑑』でフヨウを調べると、「九州南部・琉球、および台湾、中国の亜熱帯に分布するが、観賞用に庭に栽植される落葉低木。高さ一〜三m。全体に白い星状毛を密生。葉は径一〇〜二〇㎝。花は夏から秋。径一〇㎝内外、朝開いて夕方にはしおれる。和名は漢名木芙蓉の略。栽培品で半八重咲き」とあり、木の高さは低く、花の径は大きい。撮影分の木の高さは程々だが、花の径は一〇㎝はなかったのでフヨウと断定はできない。

それではと思い、ムクゲの解説を見ると、「中国、インド原産、庭木や生垣として栽植される落葉低木。

高さ三～四m、枝は灰白色でしなやかで折れにくい。葉は長さ四～九㎝。花は夏から秋、径六～一〇㎝、一個ずつ順に開き一日でしおれる。白色、紅色、重弁など品種が多い。和名は漢名木槿の音読。古くはアサガオといわれたとの説がある」とある。

即ち、ムクゲの木の高さは非常に高く、花はフヨウに比較してやや小さい。木の高さについては、撮影した樹高は二m程度だったが、栽植期間の長短もあるので決定的要因ではない。又、花の大きさは、撮影分はやや小さく感じられるが、大差はなく、これも決定的ではない。

そこで「夏の花！ムクゲ（木槿）とフヨウ（芙蓉）の見分け方」を見ると、どうも花の中央の雌しべに差がある。「雌しべが五つに分かれてカーブするように上に曲がっているのがフヨウ、まっすぐに伸びているのがムクゲ」とのこと。画像を見ると雌蘂はまっすぐに伸びている。従って、結論はムクゲである。

梅林ハンゲショウ

半夏生《はんげしょう》を知ったのはWEB投稿であったと思う。面白い植物があるものだと感心したが、どこかでデジャブ、即ち見たことがある。そうだ、霞が池畔の遊歩道と梅林の境界にある曲水だと気が付いた。七月五日、兼六園ガイド嬢が「時々池に落ちる人がいる」と観光客を笑わせる板橋を渡り切った遊歩道から梅林へ降りると、正に葉の半分を白くした半夏生の群生を見ることができた。その画像だ。

『原色牧野植物大圖鑑』では、

本州から琉球、および朝鮮、中国、フィリピンの暖帯から亜熱帯に分布。水辺にはえる多年草。特有な臭気がある。高さ六〇～一〇〇㎝。葉は長さ八～一五㎝。花は初夏から夏。和名は半夏生（夏至から一一日目）の頃に白い葉をつけるからいい、また葉の反面が白いから半分化粧の意。漢名三白草。属名はトカゲと尾のギリシャ名で花序をいう。

とあり、半分化粧とは上手い名前を付けたものだ。

半夏生はドクダミ科ハンゲショウ属に分類され、学名はSaururus chinensis Baill。属名のsaururusはギリシア語であり、σαυραはトカゲ、ουραは尾で「トカゲの尾」の意。chinensisは『ギリシャ語辞典』に記載ないのだが、「日本薬学図書館協議会　野草と共に」では「中国原産という意味である」とあり、イタリア語chineseria中国産に相当するようだ。又、トカゲの尾とは穂状花序の形と、その特異な臭いとからつけられたと考えられるとのことである。

兼六園の樹木、植物には、兼六園キクザクラ、兼六園クマガイ等珍しい種が豊富であると共に十分吟味（哲学）した種が栽植されている。ハンゲショウもその代表格だ。

我が家前キキョウ

妻が植えたのだろう七月八日桔梗《ききょう》が我が家前に咲き出した。秋の七草にしては早いと思いながらの撮影画像だ。

『牧野植物大圖鑑』では、

東アジアの温帯に分布し、北海道西南部から九州・琉球の日当たりのよい山野の草地にはえ、また花は観賞、根は薬用として古くから栽培される多年草。茎の高さ四〇～一〇〇㎝傷つくと白い液を出す。花は夏から秋、種小名が表すように大形で青紫色、園芸品では八重咲き、白花などある。万葉集で秋の七草によまれるアサガオはこの花だといわれる。

とある。花は夏から秋とのことで、七月に咲い

てもおかしくはない。但し、万葉集については、巻八に山上臣憶良、秋の野の花を詠める歌二首の内其の二で、

萩の花尾花葛花《おばなくずはな》なでしこの花女郎花《おみなえし》また藤袴《ふじばかま》朝がおの花（『新訂新訓万葉集上巻』）を指しているのだが、現代の秋の七草は萩《はぎ》、尾花《おばな》（ススキ）、葛《くず》、撫子《なでしこ》、女郎花《おみなえし》、藤袴《ふじばかま》、桔梗《ききょう》であろう。

所で、桔梗《ききょう》とは『諸橋大漢和辞典』では、「草の名。きちこう」であり、「語源由来辞典」によれば、桔梗の語源は、「乾燥した根が硬いという意味に由来する」とのこと。中国語表記も桔梗、但し読みは、jiegeng（『漢日辞典』）である。

薬効については、『辞海』が詳しい。「中医学上以根入薬、性平味苦辛、功用宣肺、払痰、排膿、主治咳痰不爽、喉痺咽痛、肺癰等症」、即ち根に薬効があり、咳痰、喉のしびれ、咽の痛み、肺の腫れ等に効くようだ。

戦国好きの人なら思い出す、明智光秀の桔梗紋。土岐氏とその関係の一族や清和源氏流の氏族加藤氏、脇坂氏等の家紋で、光秀は美濃の名門土岐氏の流れを汲むといわれている。

我が家前モジズリ（ネジバナ）

我が家では、ハーブの雑種と思い駆除していたのだが、小さいながらも立派なランの一種であることが判明。七月一〇日撮影の画像だ。

『原色牧野植物大圖鑑』では、「日本各地、および千島、サハリン、シベリア、中国インド、マレー、オーストラリアなどの温帯から熱帯に分布。原野の芝地、田の畦の草の中に多い多年草。高さ一五～三〇cm。葉は根生し斜上、長さ五～二〇cm。花は夏、茎を一本出し、螺旋状にねじれた花序に小花をつける。和名捩擢《もじずり》は花がもじれて、巻く様子からいう」とある。

モジズリというのは、東北地方の信夫郡《しのぶぐん》で作られていた織物「信夫捩摺り」のよじれた模様と花のつき方が似ているところから、呼ばれるようになったようです。「みちのくの　しのぶもじずり　たれゆえに　みだれそめにし　われならなくに」という句が百人一首の中にありますが、この「もじずり」がネジバナのことです（「生物多様性コラム」）とある。

我が家にある任天堂『小倉百人一首しおり』では、

河原左大臣《かわらのさだいじん》

陸奥《みちのく》の　しのぶもじずり　誰故《たれゆえ》に　乱《みだ》れそめにし　我ならなくに

について、〈通訳〉奥州のしのぶもじずりの乱れ模様ではないが、私の心も恋のために乱れていますが、一体誰のためにこんなにまで思い乱れているのでしょう。あなた以外の人のために心の乱れる私ではないのに。〈作者〉嵯峨天皇の皇子、源融《とおる》のこと。貞観一四年（八七二）左大臣となり六条の河原の院に住んだ。また宇治と嵯峨とに別荘をもっていたが、その宇治の邸をのちに寺としたのが平等院である。

とあり、駆除せず大事にしたいネジバナだ。

我が家前コレオプシスフルムーン

七月一七日我が家前にコスモスに似た花が咲いている。

妻に確認するとコレオプシスフルムーンだという。full moonは勿論満月だが、coreopsisが不明。植物辞典を種々検索すると、『世界有用植物事典』に次の様な記述がある。「ハルシャギク属、双子葉植物、キク科。一年草や多年草。美しい色の舌状花を有する頭花を観賞するために栽培される。花の黄色部分にフラボン色素を含み、アルカリで赤褐色に変色する。アメリカ合衆国を中心に、ハワイやアフリカに約一二〇種が知られている」。

つまり外来種で非常に多くの品種があるようだ。尚、フラボンとは「黄色～白色が特徴の植物色素であり、（中略）野菜やハーブなどの食品にも多く含まれ、その抗酸化作用が注目を集めている（「フラボン─ウィキペディア」）。大豆やきな粉に含まれるイソフラボン等は抗酸化作用があり、老化やシミ、しわ、動脈硬化などの生活習慣病予防に効果があるそうだ。

一方、ハルシャギクは、「学名Coreopsis tinctoria Nutt. であり、北アメリカ原産。明治初期に渡来し、観賞用のため栽培する一年又は越年草。強健なため今日、各地の空地で野生化している。高さ三〇～六〇㎝、極端な品種では一五㎝や一m以上のものもある。全体が無毛で平滑。春まくと花は夏から秋、径二～五㎝の鮮黄色の頭花を開く。和名はペルシャ菊の意味だがペルシャ（イラン）には産しない（『改訂版原色牧野植物大圖鑑合弁花・離弁花編』）」。

即ち、ハルシャギクはCoreopsis tinctoria Nutt.であり、その一種がCoreopsis full moon、即ち栽培種なのだ。近似的にはハルシャギクでも通用するのであろう。

西金沢四丁目ノウセンカズラ

ノウセンカズラは香林坊地下道入り口にもあり、何も西金沢四丁目に限って栽植されている訳ではない。所が、西金沢四丁目大通りに目立って咲くノウセンカズラの木がある。七月一八日西金沢四丁目の画像だ。

『原色牧野植物大圖鑑』では、「寺院の庭などによく栽培される中国原産の落葉つる低木。茎は長くのび気根を出して他物にからみつく。葉は対生、羽状複葉の長さ一〇～二〇㎝。花は夏、花冠は径六～七㎝。薬用として平安期では及宇世宇《のうしょう》といった。花を鼻にあててかぐと脳を傷つけ、蜜が目に入ると目がつぶれるという迷信があり、一般の庭には栽植するのをきらう」とあり、迷信があったようだ。

さて、西金沢について歴史を繙こう。現在の西金沢は過去湿地であり、昔太郎田伊豆の出生地太郎田村

（『加賀志徴』）を淵源とする。

この太郎田村は高畠村戸長役場に属していた（『石川県押野村史』）。所が、明治二二年（一八八九）市町村制の施行で、これまでの村を字《あざ》とし、押野・押越・野代・八日市・御経塚・八日市出・八日市新保・森戸・矢木・矢木荒屋・太郎田の一一字からなる押野村となった。

更に、昭和二八年（一九五三）町村合併促進法により、反対勢力のあるまま押野村は金沢市編入を決めた。しかし、分市運動の結果押越・野代・御経塚は野々市町に分市し、押野については住民投票による調停で、金沢押野と野々市押野に分かれることになった。

この結果、ＪＲ踏切に名を残す太郎田は金沢市西金沢一丁目（『西金沢一丁目町会のあゆみ』）となり、その後低湿なる地域であった現在の西金沢駅西口近隣に西金沢二、三、四、五丁目が誕生した。尚、現在西金沢一丁目は金沢市押野小学区、西金沢二、三、四、五丁目は西南部小学区である。

石浦神社逆さ狛犬

石浦神社拝殿に向かって左手奥に池がある。その傍に「逆さ狛犬」と書かれた由緒書が目についた。七月二一日の画像である。よく見ると狛犬は座った格好ではなく、後ろ足を蹴り上げている。

由緒書には、「明治中期から昭和初期にかけて旧加賀藩内に奉納された『逆立ち狛犬』当社では逆さ狛犬と呼び雲を蹴り上がる様を表しているといいます。躍動感ある動きと脚の筋まで緻密な彫りが施されており加賀逆立ち狛犬の代表格として多くのご参拝客から親しまれています。明治二十四年の建立で名工の誉れ高い福嶋伊之助の作です」とある。

この珍しい逆さ狛犬をSNSに投稿すると、野々市にもある等の投稿が多く、加賀では各所に逆さ狛犬が存在するようだ。「歴史散歩とサイエンスの話題（続）」では、「逆立ちした狛犬は、全国約4千の神社の狛犬の中で、どういう訳か、金沢市周辺に集中している。江戸時代の狛犬は、少し後ろ足を上げるだけで、より高く蹴り上げて逆立ちするのは、明治以降のデザインとのことです」とのことで、石浦神社の逆さ狛犬は明治期の作なのである。

さて、石浦の名称由来は何なのだろうか。『加賀志徴』では、

石浦庄も姓より出たる地名ならむ。景行紀に、石占横立という人見へ、姓氏録に、石占忌寸坂上宿禰同組。阿智王之後也。と見ゆ。石浦・石占もと別姓なるか詳らかならねど、いにしえ石占いということあれば、さるよしにて負える姓ならんか。さあれば石浦の浦は假文字にて、もとは石占ていうことより出たる地名ならむか。

とあり、石浦は人の姓であり、姓石占が転じて石浦になったようだ。

尚、逆さ狛犬の手前左には包丁塚、すし塚、石川県内寿し職人の記名入り石碑がある。

糸田ヒマワリ

今年は兎に角植物の開花は早い。ヒマワリはどうかと思って探していたら、七月二一日糸田にて発見。背が非常に高いヒマワリの画像だ。

『原色牧野植物大圖鑑』では、

「北アメリカ原産、観賞用などに栽培される一年草。高さ二m内外。葉は長さ一〇～三〇㎝。花は夏から初秋。大形のもので径四〇～六〇㎝、周辺に鮮黄色の舌状花。中央に管状花を密集し、花後多数のそう果ができ、油を採ったり、食用にする。和名日回《ひまわり》は花を太陽に見立て、日について回ると誤認したための名。漢名向日葵、学名は太陽の花の意味」とあり、高さ二mは普通のようだ。又、中央にも花があり管状花らしい。外国では、ヒマワリの種を食べている光景をよく見るが、管状花がそう果となり、これを食用にする訳だ。

『ひまわりの文化誌』では、「ヨーロッパ人がやってくる以前の北米地域で、ヒマワリはまず食用、薬、繊維、染料などの用途で栽培されていたが、やがて楽器の一種や鳥をとらえるワナにも使われるようになっていた。その後ヨーロッパに持ちこまれたヒマワリは、単に庭を彩る新しい花のひとつとして扱われた。（中略）二〇世紀になるとヒマワリは花の美しさだけでなく、脂肪分やタンパク質やビタミンEを含むタネの商品価値によって人気が出てきた。（中略）ヒマワリがもたらす価値のほとんどはオイルによるもので、オイルにはさまざまな用途がある」とのこと。オイルは料理に使われるほかに、マーガリンの原料になるようだ。

尚、糸田は、中、増泉、御供田、東力、糸田、保古、黒田、間明、高畠、玉鉾、入江の一一区より成る米丸村の一区であり、糸田の由来は、加賀糸の生産に関係したためだそうだ（『石川県石川郡誌』『米丸物語』）。

出羽町西田幾多郎石碑

出羽町には、野々村仁政作《ののむらにんせい》の色絵雉香炉《いろえきじこうろ》（国宝）を有する石川県立美術館があり、その横には石川県文化財保存修復工房広坂別館がある。此の建物は旧陸軍第九師団長官舎だったのだが、その前に西田幾多郎石碑があり、七月二六日の画像だ。

何故、ここに西田の石碑があるかというと、現在金沢城・兼六園管理事務所兼六園分室となっている地は以前兼六園児童園であり、道路を挟んだ現在の広坂公園に児童館があった。そこで、郷土の偉人たちの胸像が建立され、中西悟堂歌碑もあり、次の歌が記されている（『金沢の文学碑』）。

るりびたき鳴くはひまつのかさなりの
しげみはくらし日もさし入らず

西田については、書き切れない業績がある。所謂

「絶対矛盾的自己同一」である。

『西田幾多郎哲学論集Ⅲ』「絶対矛盾的自己同一」を読もう。

絶対矛盾的自己同一の世界においては、主体が自己否定的に環境を形成することは逆に環境が新たなる主体を形成することである。時の現在が過去へと過ぎ去ることは、未来が生ずることである。（中略）歴史的世界において主体と環境とが何処までも相互否定的に相対立するというのは、時の現在において過去と未来とが相互否定的に対立する如く対立するのである。而して現在が矛盾的自己同一として過去から未来へ動き行く如く、作られたものから作るものへと動き行くのである。

『金剛般若経』には、「『〈功徳を積む〉ということは、積まないということだ』と如来が説いている。それだからこそ、〈功徳を積む〉と言われるのだ」とあり、どうもこれに等しいのではないだろうか。

本多町石川県立図書館内鈴木大拙胸像

本多町石川県立図書館は二〇二一年一一月で閉館し、二〇二二年には著者が金沢大学工学部として二年半を過ごした小立野の地に開館する予定。

七月二六日、本多町時代の面影を残そうと思い館内にある鈴木大拙胸像を撮影した。胸像は温和な表情をしているが、大拙は金沢の産んだ偉大な仏教哲学者だ。尚、胸像銘板には、「この胸像は、金沢市新竪町出身で、現在東京で活躍中の仏像彫刻家西川宗舟氏が、大拙先生の遺徳をしのび自ら制作したもので、このたび県に寄贈されたものである」とあり、石川県に寄贈されたものだ。

大拙の生誕地に近い本多町石川県立工業高校及び石川県立図書館が設置候補に上がったと思われるのだが、図書館の公共性を考慮し、石川県立図書館設置になったと考えられる。尚、大拙は石川県立図書館々長を努めてはいない。

大拙は仏教哲学者だ。彼の代表的論考『日本的霊性』を繙こう。順序は逆になるが、始めに日本民族の中に日本的霊性が存在して居て、その霊性がたまたま仏教的なものに逢著して、自分のうちから、その本来具有底を顕現したということに考えたいのである。

それなら、霊性の日本的なるものとは何か。自分の考えでは、浄土系思想と禅とが、もっとも純粋な姿で、それであるといいたいのである。それは何故かというに、理由は簡単である。（中略）禅宗の渡来は日本的霊性に発火の機縁を与えたのである（中略）。大いに有力なはたらきが浄土思想を通して表現されたとき、浄土真宗は生まれた。

彼は、その後禅に関し、『禅とは何か』『禅と日本文化』を表す。後述したい。

注

令和四年（二〇二二）七月、石川県立図書館は金沢市小立野二丁目に移転開館し、大拙胸像はふるさと偉人館に移管された。

放生池アオサギ

兼六園周辺には白サギ、青サギがよく飛来する。兼六園では、噴水地点で、白いサギ（ダイサギ）がカエルを飲み込むのを見たことがある。七月二九日は金沢神社放生池に青サギが飛来。この青サギは人に慣れているようで、近づいても逃げず、撮影は簡単だ。正にカエルを捉えようと狙っている瞬間であり、この時は獲物にありつけなかった。青サギは英語名grey heronであり、灰色サギなのだ。しかし、何故青サギと呼ばれるかというと、翼の風切羽は青色がかった黒色のためである。

『世界鳥類事典』では、

「アオサギ　Grey Heron（サギ）

分布域：ユーラシアとアフリカの全域

生息地：浅い淡水。沿岸部にも生息（特に冬期）

体長：九〇〜九八㎝
水辺ならたいていの場所に生息できる。魚、カエル、小哺乳類を長い短剣のような嘴で捕食。繁殖地がサギ類中最も北にあるので寒さにより死ぬことも多い。だが個体数を回復するめざましい力をもっている。
通常、高さ二五ｍまでの高木上に営巣。コロニーの規模は様々で、ほとんどが二〇〇羽以内だが、一〇〇〇羽以上の記録もある。最初に産んだ卵が壊されるとつがいはすぐに次の卵を産み、これを二〜三回までは繰り返せる」とあり、カエルを好むようだ。
尚、参考までに白いサギの仲間としては、「ダイサギ、チュウサギ、コサギはシラサギのなかでも特に見かける機会が多い三種だ（「日本野鳥の会東京　身近な野鳥の識別講座①シラサギ」）」そうだ。白色のサギの種類としては、体長八五〜一〇二㎝のダイサギと五五㎝〜六五㎝のコサギが該当するのだが、兼六園周辺に現れる青サギと異なる白いサギはダイサギGreat egret（シラサギ）のようだ。

文献

牧野富太郎『原色牧野植物大圖鑑』北隆館、一九八二
「夏の花！ムクゲ（木槿）とフヨウ（芙蓉）の見分け方」https://lovegreen.net/flower/p252972/
古川晴風編『ギリシャ語辞典』大学書林、一九八九
「日本薬学図書館協議会　野草と共に」https://www.yakutokyo.jp/yasou/detail/34
佐佐木信綱編『新訂新訓万葉集上巻』岩波文庫、一九九八
諸橋轍次『諸橋大漢和辞典』縮寫版、一九七六
「キキョウ／桔梗／ききょう—語源由来辞典」https://gogen-yurai.jp/kikyou/
吉林大學漢日辞典編集部『漢日辞典』吉林人民出版社、一九八二
辞海編輯委員会編『辞海』辞海編輯委員会、一九六五
「生物多様性コラムネジバナ—名古屋市立大学生物多様性研究センター」http://www.nsc.nagoya-cu.ac.jp/biodiv/pg20.html
堀田満・緒方健・新田あや・星川清親・柳宗民・山崎耕宇『世界有用植物事典』平凡社、一九八九

「フラボン―ウィキペディア」https://ja.wikipedia.org/wiki/%E3%83%95%E3%83%A9%E3%83%9C%E3%83%B3
牧野富太郎『改訂版原色牧野植物大圖鑑合弁花・離弁花編』北隆館、一九九六
『加賀志徴』下編復刻、石川県図書館協会、一九三七
高堀勝喜編『石川県押野村史』石川県石川郡押野村史編集委員会、一九六四
金沢市西金沢一丁目町会『西金沢一丁目町会のあゆみ』金沢市西金沢一丁目町会、一九八八
「歴史散歩とサイエンスの話題（続）」http://kanazawa-kuratuki.cocolog-nifty.com/blog/2016/09/201699-0375.html
『加賀志徴』下編復刻、石川県図書館協会、一九六九
スティーブン・A・ハリス（伊藤はるみ訳）『ひまわりの文化誌』原書房、二〇二一
石川郡自治協会編『石川県石川郡誌』臨川書店、一九八五
金沢市編入五十周年記念誌編集委員会編『米丸物語』金沢市編入五十周年記念誌編集委員会、一九八八
こぶしの会『金沢の文学碑』こぶしの会、一九八八

上田閑照編『西田幾多郎哲学論集Ⅲ』岩波文庫、二〇〇九
中村元・紀野一義訳註『般若心経　金剛般若経』岩波文庫、二〇一五
鈴木大拙『日本的霊性　完全版』角川文庫、二〇一〇
クリストファー・M・ペリンズ監修（山岸哲日本語監修）『世界鳥類事典』同朋舎出版、一九九六
「日本野鳥の会東京　身近な野鳥の識別講座①シラサギ」https://wbsjt.jimdo.com/contents/column2/

第八章　八月

増泉一丁目サルスベリ

専光寺―野田線の一部専光寺―野町広小路間が開通したのは、二〇年程前であろうか。S字カーブがあったり、交差点が直角ではなく、カーブしていて見えにくいという欠点もあるのだが、この線の開通により古府―野町広小路間が大幅に短縮され、この線の街路樹として百日紅《さるすべり》が植えられた。サルスベリの花は後述の如く紅、ピンク、白とあり、一番綺麗な紅色の花が咲くと個人的に思う増泉一丁目公園横のサルスベリを撮影。八月四日の画像だ。

サルスベリについて、「【原産地】中国南部。【分布】北海道南部、本州、四国、九州。【自然環境】おもに温暖地に植栽されている落葉高木。【用途】庭園樹、公園樹。花木。盆栽にもする。【形態】幹は多く屈曲、傾斜する。高さ三～七m、径三〇㎝、樹皮は赤褐色で滑らか、枝条は粗生、伸長力は強い。小枝は方茎で狭く四稜翼がある。（中略）花は七～九月、当年枝の先端に長さ一〇～二五㎝の円錐花序を直立し、紅色または白色、淡紫色の花を開く。（中略）【特性】陽樹で生長は早い。向陽の地を好む。（中略）秋に黄葉する。強健であり、大気汚染にも強い。移植もやや容易である。【植栽】繁殖は実生、さし木、取り木による（『原色樹木大圖鑑』）」とあり、大気汚染にも強い点から選ばれたようだ。

サルスベリを漢字で書くと、猴滑《さるすべり》・百日紅だが（『図説草木辞苑』）、SNSで、「何故百日紅と書くか」との質問が寄せられた。答えは勿論、「百日間花が紅色」なのだが、百日紅は『図説草木辞苑』では、「ひゃくじつこう」とも振り仮名が打たれている。即ち、百日紅を無理矢理「さるすべり」と読まず、「ひゃくじつこう」でも良いのだ。

尚、金沢の大気汚染が進まないよう公共交通の充実を急がねばならない。

神宮寺持明院ミョウレン

著者が妙蓮を知ったのは、石川県立図書館で寺院の関係者らしき人より聞いたのが最初である。今年はと思い七月末に高野山真言宗持明院を訪れたが開花は未だであった。一週間程後、八月五日に訪れると、開花した妙蓮を撮影することができた。その画像である。

持明院前の由緒書には、

妙蓮は、延暦二十三年開祖弘法大師唐弘求法の際、天竺（現在のインド）の高僧般若三蔵より、この蓮を授かりこれを持ち帰り弘仁年間北国巡視のとき、金沢木の新保（現在駅前の本町）の地に来るその折り（中略）妙蓮を植え持明院を創立せり。

とある。妙蓮はハスの一種で、『原色牧野植物大圖鑑』におけるハスでは、「中国、インドの原産。非常に古い時代に中国から渡来、暖帯から熱帯各地の池や沼にはえ、また水田に栽植される多年生の水草。地下茎は水底の泥中をはい晩秋に末端部が肥厚し、蓮根《れんこん》になり食する。（中略）花は夏。和名は古名ハチスの略で果実の入った花托が蜂の巣のようであることによる。漢名蓮」とある。

一方、妙蓮は茎頭に多数の花をつける全国的にも珍しい蓮である。花びらは一五〇〇枚から三〇〇〇枚に及ぶこともあり、花の直径は約一五㎝から二五㎝あり、（中略）妙蓮は近江（滋賀県近江市）と、ここ金沢持明院にしか日本では生息しない蓮である（「金沢旅物語　持明院蓮池県指定天然記念物」）。

尚、地名神宮寺は、「河北郡小坂村の一字であり、往昔神宮寺のありし所なり（『石川県河北郡誌』）」とあるので、持明院と神宮寺の類縁をＴＥＬで確認すると、「持明院は山号白髭山が表す如く、白髭神社から分離し、地名神宮寺へ移転したのであり、往昔の神宮寺塔頭《たっちゅう》ではない」とのことであった。

梅林オミナエシ

兼六園梅林は新型コロナ禍のため閉園中。梅林における女郎花《おみなえし》の位置は確認済みなので、八月七日梅林の生け垣越に望遠レンズで撮影した画像だ。

『永楽大典』では、「秋花如義士」とある。『角川大字源』で【義士】を見ると、「①正義を堅く守る人。忠義な人。②財を布施する人」とあり、成る程赤穂義士の意だが、女郎花と赤穂義士との接点はなさそうだ。そこで【義】の解字を見ると「舞の美しい姿、礼を行う美しい姿の意」とあり、【士】には④りっぱなひと。⑤男子の美称。⑥女子の美称。和①さむらい。武士とある。即ち、日本では「さむらい」の意に変化したのだが、本来は「女子の美称」でもあり、「秋花如義士」は、「秋の花は女子の舞の美しい姿の如し」との意味なのだ。

梅林の女郎花は開花が八月と早いが、秋の七草の一種である。

『原色牧野植物大圖鑑』オミナエシでは、

東アジアの温帯から暖帯に分布し、日本各地の日当たりのよい山野にはえる多年草。根茎は太く横に伏し、株わきに新苗が分かれて繁殖する。高さ一m内外。根生葉は花時に枯れる。花は晩夏から秋。秋の七草の一つで女郎花《おみなえし》と書き、和名はオトコエシに対し優しいので女性にたとえていう。別名は花が粟飯のようなのでつけたという。漢名黄花龍芽。

とある。

『古今和歌集』秋歌上に貫之《つらゆき》は、

誰《た》が秋にあらぬものゆへをみなえしなぞ　色にいでてまだきうつろふ

と歌っている。現代語訳は、

だれそれと特定のものではないのに、おみなえしよ、どうしてだね、色に出てはやばやと変わって行くのは

貫之は勿論紀貫之である。

本多町歴史の小径

緑の小径は紹介済みだが、本多町から登るとその滝の手前左手に歴史の小径が開設されたのは四、五年前であろうか。昼の散歩コースとしては、石川県立美術館周辺をぐるりと回遊する小径ができて便利になった。八月一一日歴史小径の画像だ。

それでは、何故「歴史の小径」と命名されたのだろうか。先ず、歴史の小径は本多家の上屋敷（石川県立美術館）と下屋敷（ＭＲＯ）を繋ぐ道である。現在石川県立美術館の地は著者の学生時代は金沢女子短大附属高校であり、その前は本多家の上屋敷であった。その前はどうだったのだろか。歴史の小径を登って、石川県立美術館裏に、次の由緒書がある。「右近の屋敷地は、その後本多家《ほんだけ》上屋敷《かみやしき》となる土地であったことが、大乗寺《だいじょうじ》の由緒書に見える。（後歴）」と書いてある。即ち、本多家の前は高山右近の屋敷、その前は大乗寺であった。「歴史の小径」由来である。

本多家の通字「政」と前田利長からの偏奇であろう「長」を名前に持つ加賀藩の老臣本多氏第二代本多政長（第六章で略述済み）を『改訂増補加能郷土辞彙』にて詳述しよう。

政重の四子。母は西洞院時直の女。初名長松・左馬助・安房。正保三年十二月前田利常の女春姫を娶り、四年三月廿七日父隠居の後家禄五万石を継ぎ、元徳四年十二月廿七日従五位下安房守に叙任し、十四年七月四日嫡男政敏に家督を譲り、隠居領三千石（内五百石与力知）を賜ひ、十五年薙髪して素立軒と号し、宝永五年八月九日享年七十八を以て卒した。法号浄明院、野田山に葬る。

とある。尚、薙髪《ちはつ》とは頭髪をそり、僧となることだ。隠居領三千石は、一石は五万二千三六〇円との現在の価格に換算すると年収一億五千七百万円。羨ましい限りだ。

我が家前カリブラコア

八月一五日妻が植えたカリブラコアが見頃を迎えた。その画像だ。カリブラコアとは聞いたことがない花で、一九九〇年にペチュニア属から分割されてできた新しい属とのこと。花はやや小型だがペチュニアと似て中々綺麗だ。

「カリブラコア　新・花と緑の詳しい図鑑」では、カリブラコアのデータ

花色：赤ピンク赤紫紫オレンジ黄白
学名：Calibrachoa
科名：ナス科
分類：多年草（常緑）、春まき一年草扱い
原産地：南アメリカ（園芸品種）
大きさ：背丈一五～四〇㎝、横幅二五～八〇㎝
主な見所：花（四～一一月）

カリブラコアの特徴

ペチュニアに似たシンプルで整った花ですが、花の大きさは小型です。葉も少し細長く、大きさも小さくなりやすく一株でも見ごたえ十分です。一方で、株自体は大きくなりやすく一株でも見ごたえ十分です。株姿は立性〜ほふく性まで幅広く揃います。花色にペチュニアにはないオレンジ系があるのも魅力。基本的な性質はペチュニアと同じですが、花つきと育てやすさではこちらが上です。梅雨〜夏にかけて下葉が枯れて見苦しくなりがちなので、切り戻しなどの管理で美しさを保たなければなりません。耐寒性はペチュニアより強く暖地では冬越しすることも珍しくはありませんが、基本的には一年草扱いされています。

又の名をmillion bellsともいうcalibrachoaは、一九世紀メキシコの植物学者兼薬理学者が命名したようで、スペイン語calibre（口径）、chocador（手織りじゅうたん）に由来するようだ。

金沢神社前フジバカマ

フジバカマは兼六園にもあるのだが新型コロナ禍により兼六園は閉園中。そこで二月には梅が咲いていた金沢神社前へ行くとフジバカマが見頃を迎えていた。八月一九日白い糸のような花群を撮影した。

「本州関東以西・四国・九州及び朝鮮、中国に分布。川岸の土手などにはえる多年草。奈良朝に中国から渡来し帰化したという。しばしば庭園に植えられる。高さ一m位。葉は硬く上面はやや光沢がある。花は秋。和名藤袴《ふじばかま》。漢名蘭草、香草。香気があるので身につけたり浴湯に入れたりした。薬効があり利尿剤にする。秋の七草のひとつ（『牧野植物大図鑑』）」とある。

秋が始まっているのだと感傷にふけっていると、金沢市金沢神社前におけるフジバカマについてヒヨドリバナではないかとの同窓生よりのメールが届いた。

「ウィキペディア」では、「ヒヨドリバナはフジバカマに似ているが、フジバカマの葉は三裂するのに対して、本種は裂けないので区別できる」とあり、『牧野植物大図鑑』では、「ヒヨドリバナはフジバカマに似ているが、地下茎は横にはうことはなく、茎は短毛がありざらつき、紫色の細点があって香気が少ない」とある。

まず、葉の三裂については、金沢神社前のフジバカマには三裂もあるが、多くの葉は裂けてはいない。地下茎は掘ってみてはいないのだが、地上で横にはっているものがある。茎は短毛はなく、ざらつきは無い。細点は細かい点のようなものが見えるが、紫色とは確認できない。香気は無い。以上の結果、茎がざらつかない点を判定の基準とすればフジバカマと考えられる。向かいの兼六園事務所でもフジバカマと断言、決定的根拠は金沢神社宮司の発言「フジバカマです」。

本多町唯念寺《ゆいねんじ》前ムラサキシキブ

本多町にあるが、以前は石引にあったという小立野寺院群の一寺唯念寺。八月二三日通りを挟んだ空き地にムラサキシキブを発見。その画像だ。

『原色牧野植物大圖鑑』でムラサキシキブは、

北海道南部から琉球、および朝鮮、台湾、中国の温帯から暖帯に分布、山野にはえ、また庭木として栽植する落葉低木。高さ一～三m、小枝は斜上、若い枝や葉は星状毛があるがのち無毛。葉は長さ六～一二cm、裏面に帯黄色の腺点がある。花は初夏。果実は径四mm位。和名は優美な紫色の果実を、紫式部の名をかりて美化したもの。漢名紫珠を慣用。

とある。

『源氏物語』及び小倉百人一首「めぐりあひて　み

しやそれとも　わかぬまに　くもがくれにし　よはのつきかな」で有名な紫式部。隣の福井県現越前市（旧武生市）には国府があった関係で紫式部公園がある。「紫式部公園越前市観光サイト」では、「源氏物語の作者、紫式部が生涯でただ一度、都を離れて暮らした場所・越前市。越前国司となった父・藤原為時とともに訪れ、一年余りを過ごしたといわれています。これを記念してつくられた紫式部公園は池をめぐらし、寝殿造の釣殿をしつらえ、紫式部が生きた平安時代の趣を今に伝えています」とのこと。

なお、紫式部の「式部」は為時の官職名に由来する（「藤原為時―ウィキペディア」）そうで、紫式部による越前への往路の歌が『紫式部集』にある。

近江《おうみ》の湖《みずうみ》にて、三尾《みお》が崎《さき》というところに、網引《あみひ》くを見て

三尾《みお》の海《うみ》に　網《あみ》引く民《たみ》の　手間《てま》もなく
立居《たちい》につけて　都恋《みやここい》しも

地方へ下る心の不安を象徴している。

金沢大学角間キャンパスクリ

八月二三日広坂石浦神社横の歩道脇に栗のイガを発見。巫女が掃除していたので「お宅に栗の木はあるか」と尋ねると「無い」と言う。確かに上を見回しても栗らしき木は見当たらない。そこで、ここに栗があることが分かっていた金沢大学角間キャンパスへドライブし、撮影した画像だ。

『原色日本植物図鑑・木本編Ⅱ』クリでは、

「山野にきわめて普通にある落葉高木、しばしば堅果のために栽培される。幹は直立し、高さ一七m、胸高直径八〇㎝に達し、大きなのは一・五mにも及ぶ。良く分枝し、多くの葉をつける。樹皮は灰色、灰黒色、縦に長い深い割れ目がある。若枝は淡緑色で、黄褐色の星状毛または短を散生するが、翌年に無毛となり、紫黒色、小さい円形の白色の皮目が多い。(中略)

花は六月、本年の枝の葉腋から直立または斜上する尾状花序につく。（中略）堅果は秋に熟し、総苞は球状、長さ一㎝内外の刺を密生する。総苞は熟すれば四裂し、内に一―三個の堅果がある。堅果は褐色、扁円形、微凸頭、高さより幅が広く、基部は広いつき跡があると」とある。

《大きな栗の木の下で》を原語で歌ってみよう、

Under the spreading chestnut tree　　There we sit both you and me

Oh how happy we will be　　Under the spreading chestnut tree.

大きな栗の木の下で　　あなたとわたし

座って仲良く遊びましょ　　大きな栗の木の下で

角間キャンパスでクリを撮影することはできた。しかし、隣の石川県立美術館広坂別館前の森をも探したがクリの木は見当たらず、結局石浦神社前路肩に何故栗のイガが落ちていたのかは分からずじまい。

鱗町地蔵尊

八月二四日鱗町交差点脇の地蔵尊を撮影した。金沢の地蔵尊は香林坊アトリオ前にもあり、著者の学生時代には、現在の石引一丁目の地蔵尊の周りで子供たちが遊んでいたのを思い出す。

「鱗町子守川股地蔵尊」の由緒書には、

「この地蔵尊は、子供達の安全祈願のために辰巳用水の分流（勘太郎川）と鞍月用水の合流地点に安置されたものです。

犀川大通りの開通で暗渠となりましたがこの時代、子供達は川遊びが盛んで、ときには、流されて亡くなる事故も時々ありました。

川下の片町に住んでいた神田又吉（写真屋）が昭和初期に慰霊と安全を願って、この地蔵尊を寄贈し、その後、近所の人達によって祠堂も造られました。

交通量の多い鱗町交差点で、重大な事故が起きないのは、この地蔵尊のお陰だと言われています。

また、色々な願い事が叶えられると言われている、大変有り難いお地蔵さんです」とある。つまり。周りに子供達は遊んでいないのだが、子供達を守る地蔵尊なのだ。

地蔵盆は、「旧暦七月（新暦八月）二四日、近畿地方を中心に行われる地蔵祭。本来は悪霊を塞ぐための道祖神祭（辻祭、塞の神祭）であった。しかし、道祖神の地蔵との形態的類似から地蔵祭となり、さらに京都愛宕山の地蔵祭が旧暦六月二四日に行われたが、これが七月に移行してから地蔵盆といわれたとされる。現在、京都を中心とする近畿地方では八月二三、二四日に各町内ごとに石地蔵を安置し、子供を集めて灯明・供物などを供えて祭る。また当日、六地蔵巡りを行う風習がある（『総合佛教大辞典』）」とある。

京都の地蔵盆の名残を留めているが、その風習は廃れてしまった金沢の地蔵盆である。

我が家前メドーセージ

メドーセージが咲き出した我が家前。前日撮影してみたが上手く撮れなかったので再挑戦した八月二五日の画像だ。

メドーはmeadow、本来「牧草地」の意だが、「草の生えている川辺の低地」の意味もある。

『FLORA フローラ』メドーセージでは、

南アメリアの多年生植物で、吸枝を伸ばして大きく叢生する。初夏から秋にかけて、青色の花と緑色の萼が長さ二五㎝の穂状花序をなす。ブラック　アンド　ブルー、やや丈の短い、広がりの少ない種で、青い花と、黒色に近い萼をつける。ブルー　エニグマ、丈の短い、花期の早い種。深い青色の花と緑色の萼。コスタリカ　ブルー、丈高のcv.で、バイオレットブルーの花と、黄緑色の萼。

cv.はconvertible　転換できるの意で、変種を意味しているようだ。

尚、セージ一般として、「セージ（サルビア）の仲間は、世界で五〇〇種以上あるといわれている。学名の『サルビア』は『救助』『治療する』を意味するラテン語に由来する。古くから抗菌、のどの炎症、解熱、消化、精神安定などに効果があるとされ、アラビアには『庭にセージを植えている家から死者は出ない』ということわざがあるほど。また、セージはソーセージに欠かせないハーブで、本場ドイツでは、豚肉の臭いを消すために肉と混ぜて腸詰めにされた。そうしたことから、sausageという言葉がsow（成長した雌豚）とsageの合成語ではないかと誤解されたエピソードがある（『暮らしにいかすハーブ図鑑』）」とのことだ。

ラテン語でsalvatioが「治療」、salvoが「治療する」、そしてsalviaが「サルビア」を意味する。又、英語sageはサルビア属全体を指すそうだ。

文献

林弥栄・古里和夫・中村恒雄監修『原色樹木大圖鑑』北隆館、一九九九

木村陽二郎監修『図説草木辞苑』柏書房、一九八八

牧野富太郎『原色牧野植物大圖鑑』北隆館、一九八二

「金沢旅物語　持明院蓮池県指定天然記念物」https://www.kanazawa-kankoukyoukai.or.jp/event/detail_50585.html

河北郡役所編『石川県河北郡誌』臨川書店、一九八五

『永楽大典』第七函、中華書局出版、一九五九

小島憲之・新井栄蔵校注『古今和歌集』岩波書店、一九八九

日置謙『改訂増補加能郷土辞彙』北国新聞社、一九八三

「カリブラコア　新・花と緑の詳しい図鑑」https://garden-vision.net/flower/kagyo/calibrachoa.html

「紫式部公園越前市観光サイト」http://welcome-echizenshi.jp/tourism_detail/murasakishikibukouen/

「藤原為時―ウィキペディア」https://ja.wikipedia.org/wiki/%E8%97%A4%E5%8E%9F%E7%82%BA%E6%99%82%E

7%82%BA%E6%99%82
「紫式部―ウィキペディア」https://ja.wikipedia.org/wiki/%E7%B4%AB%E5%BC%8F%E9%83%A8
南波浩校注『紫式部集』岩波文庫、一九八六
北村四郎・村田源『原色日本植物図鑑・木本編Ⅱ』保育社、一九七九
総合佛教大辞典編集委員会編『総合佛教大辞典』法蔵館、一九八八
トニー・ロード、他一二名（小佐田愛子他翻訳）『FLORAフローラ』産調出版、二〇〇五
神蔵嘉鷹『暮らしにいかすハーブ図鑑』講談社、一九九七

第九章　九月

西部緑地公園ツユクサ

学名はCommelina communis L. 著者はムラサキツユクサだとばかり思っていたこの花。小さいので中々上手く撮影できなかったのだが、九月一日西部緑地公園で何とか撮ることができた。図書館で調べると、ツユクサだと判明。

『原色牧野植物大圖鑑』ツユクサでは、日本各地および朝鮮、中国、サハリンの温帯から暖帯に分布、道ばたや荒地はえる一年草。茎は地をはい斜上し、多く分枝。葉は二列で互生し長さ五～七㎝。花は夏、包の外に出て一花ずつ開き、ときに白花または淡藍紫色の花を開く。和名露草《つゆくさ》は露を帯びた草のようであることからいう。古名ツキクサ。漢名鴨跖草。種小名は普通の意。とある。朝露を受けて咲いた花が昼にはしぼんでしま

うことに由来する（「ツユクサの花言葉」）というツユクサ。古名はツキクサで万葉集二二九一に、

朝《あした》咲き夕《ゆうべ》は消《け》ぬる月草の消《け》ぬべき戀も吾はするかも

と歌われている。尚、著者が勘違いしたムラサキツユクサ（Tradescantia reflexa Rafin.）は、北アメリカ原産の外来種で、多年草。花は枝先に集まって咲き、径二～二・五㎝と大きく、ツユクサは一花だが、ムラサキツユクサは花が集まって咲く異なる種である。

学名Commelinaは、オランダの植物学者ヤン・コメリン（Jan Commelin / 1629～1692）とその甥で植物学者のカスパル・コメリン（Caspar Commelin / 1668～1731）の名前に因むそうだ。又、花言葉「なつかしい関係（オランダ語でnostalgisch relatie）」は、この植物の学名のもとになった伯父と甥のコメリンが二人ともアムステルダム薬草園の園長だったことに因むそうだ。

本多町瑞光寺《ずいこうじ》六地蔵

金沢で六地蔵がある寺は余りないのだが、本多町にありながら小立野寺院群に属する瑞光寺には六地蔵があり、花が絶えない。九月二日の画像だ。

何故六体かというと、六は六趣、又は六道をいう。『法華経』随喜功徳品《ずいきくどくほん》では、「六趣四生衆生」とあり、その注では「六趣—六道ともいい、衆生が輪廻する間に生れて行く処。即ち天上・人間・阿修羅・畜生・餓鬼・地獄をいう」との解説がある。六道は同じく、天上・人間・阿修羅・畜生・餓鬼・地獄であり、六道の地蔵信仰融合形が六地蔵である。

金沢大学附属図書館中央図書館暁烏《あけがらす》敏《はや》文庫所蔵『覚禅鈔』では、「六地蔵持物事」として「一人持香呂。一人合掌相。一人持宝珠。一人持錫杖。一人持花莒。一人持念珠」とある。

一方、『仏教文化事典』では、

第一地獄　大定智悲地蔵　左持宝珠右持錫杖
第二餓鬼　大徳清浄地蔵　左持宝珠右与願
第三畜生　大光明地蔵　左持宝珠右持如意
第四修羅　清浄無垢地蔵　左持宝珠持梵篋
第五人道　大清浄地蔵　左持宝珠右施無畏
第六天道　大堅固地蔵　左持宝珠右持経

とあり、如意とは爪杖。梵篋は箱。施無畏は掌を外に向けて肩の高さに上げる印を表す。画像の六地蔵とは少々異なるようだが、持ち物については一定していないとのことだ。

尚、小立野寺院群は円通山曹洞宗松山寺を始め、護国山曹洞宗宝円寺・城端山真宗大谷派善徳寺・寿福山日蓮宗経王寺・竜宝山浄土宗如来寺・金龍山曹洞宗天徳院・泰澄山真言宗波着寺・猿丸神社・加須良山真宗大谷派慶恩寺・江西山臨済宗妙心寺派瑞光寺・松岡山真宗大谷派唯念寺・久遠山日蓮宗本行寺・石川護国神社・金沢神社・石浦神社等を含む三○寺院・七神社で構成されている。

本多町鈴木大拙館横タカノハススキ

タカノハススキ（学名Miscanthus sinensis Anderss. forma zebrinus Beal）は金沢神社前にもあるのだが、九月二日鈴木大拙館横を歩いていて今年最初に見かけたので撮影。その画像だ。

ススキは秋の七草では尾花と称される。何故尾花なのだろうか。花は何処にも見えないが。所が、穂のような形で咲く花がある。ススキ、エノコロクサ、ケイトウ等がこれにあたり、これらの花を花穂《はなほ》という。

「ススキ―ウィキペディア」では、「夏から秋にかけて茎の先端に長さ二〇から三〇cm程度の十数本に分かれた花穂をつける。花穂は赤っぽい色をしているが、種子（正しくは穎果・えいか）には白い毛が生えて、穂全体が白っぽくなる。種子は風によって飛ぶことができる」とあり、我々が目にする白色の穂とは赤っぽい花穂の種子であり、種子に白い毛が生えたため白く見える訳だ。このススキの葉に白斑が現れたものがタカノハススキである。

従って、『原色牧野植物大圖鑑続編』では、

「観賞用に栽培される多年草。ススキの一品種で、葉はやや幅が狭く、硬く、著しくざらつき、表面に淡黄色の矢羽形のふが二〜三㎝の間隔で現れ、裏面は光沢がある。花は秋、ススキと同じで枝上に小穂を密に双性。また一変種で葉に縦に白斑の現れるシマススキがある。種小名は中国の、品種名はゼブラのような縞のあるの意」と記述。

学名Miscanthus sinensisについては「the eulalia or Chinese silver grass（「Miscanthus sinensis—Wikipedia」）」、即ちススキ又は中国の銀色の草本であり、zebrinusはzebra grass、シマウマのような草本を表している。

本多の森公園ヒオウギ

　国立工芸館ができて本多の森公園は縮小改変されたのだが、向かって右横の石川県立美術館との傾斜地に横長のベンチ状階段が敷設された。その一角に以前は無く、国立工芸館開設時に植えられたと思われる珍しい花を九月三日に発見。植物図鑑で調べるとヒオウギらしい。

　檜扇とは、「宮中で官位のある人が持ちいた扇であり、ヒノキの細長い薄板を重ね、上端を糸で下端を要かなめで留めた扇。近世の板の数は、公卿は二五枚、殿上人は二三枚、女子は三九枚。男子のものは白木のままとするが、女子のものは、大翳おおかざし・衵扇あこめおうぎともいい、表裏ともに美しく彩色し、親骨に色糸を長く垂らして装飾とした（「檜扇とは―コトバンク」）」とのことで、

著者は一瞬檜扇に用いられたヒオウギの花を連想したが、

『原色牧野植物大圖鑑』ヒオウギでは、

「本州から琉球、および朝鮮、台湾、中国、インド北部の暖帯から亜熱帯に分布し、海岸や山の草地にはえる多年草。高さ五〇～一〇〇㎝。花は夏から初秋、径五～六㎝で内面に濃い暗紅点が多数ある。観賞用としても栽培され、園芸品としてベニヒオウギ、キヒオウギ、ダルマヒオウギがある。和名檜扇《ひおうぎ》は葉形からいう。漢名射干」とあり、葉形が似ていることに因るようだ。

ヒオウギは黒い小さな実をつける。この実をぬばたまという。ぬばたまは「黒」や「夜」の枕言葉で、『万葉集』に歌われる。『万葉集』一六九に、

あかねさす日は照らせれどぬばたまの夜《よ》渡る月の隠らく惜しも　或《あ》る本《ほん》は、件《くだり》の歌を
以て後《のち》の皇子尊《みこのみこと》の殯宮《あらきのみや》の時の歌の反《はん》と為《な》す

ヒオウギは雅やかな名前と共に、黒い実は射干玉《ぬばたま》として和歌に歌われる美花である。

本多公園ミヤギノハギ

八月には兼六園で咲いていて、単なるハギだと思っていた。九月七日本多町旧中村邸前本多公園でも咲いていたので撮影し、調べるとハギにも色々品種があり、迷ったが、どうもミヤギノハギに似ている。

『原色牧野植物大圖鑑』ミヤギノハギでは、「本州・九州、および中国の山地にまれな、やや草木状の低木で庭に栽植される。茎は束生し高さ一～一・五m、花期には枝先が地面につくようにのびる。花は初夏から初秋、年二度咲くこともある。白花もある。和名宮城《みやぎ》野《の》萩《はぎ》は仙台付近の宮城野に産出したからとか、美しい花をつけるから美称してつけたとかいわれる。秋前に咲くから一名ナツハギ」とある。成る程八月にも咲く秋の七草なのだ。

ハギはマメ科ハギ属であり、マイハギ・ヤマハギ・

マルバハギ・キハギ・アキハギ等と種類が多い。このハギを歌った短歌も多い。

『古今和歌集』で二首紹介しよう。

昔《むかし》あい知《し》りて侍《はべり》ける人の、秋に野《の》に遭《あ》いて物語《ものがたり》しけるついでに、よめる　躬恒《みつね》

秋はぎの古枝《ふるえ》にさける花見れば本の心はわすれざりけり

躬恒は「心あてに　折らばや折らむ　初霜の　おきまどはせる　白菊の花」が『小倉百人一首』に撰述された凡河内躬恒《おおしこうちのみつね》であり、「秋萩の去年の古い枝に咲いている萩の花を見ると、この花も元の心を忘れなかったのだなあ」と読んでいる。もう一首、

はぎのつゆ珠《たま》にぬかむと取《と》れば消《け》ぬよし見む人は枝ながらみよ

ある人の曰《いわ》く、この歌は、平城帝《ならのみかど》の御《お》歌也と

仙台名菓萩の月は勿論ミヤギノハギをシンボライズしているのだろう。

本多町ブルーサルビアとアゲハチョウ

九月一〇日本多町を散歩していて畑地に蝶が舞うのを発見。動く動物の写真は苦手なのだが、「数打ちゃ当たる」方式で盛んにシャッターを押す。何枚かの写真の内満足な写真がこの画像だ。咄嗟なので露出補正ができず、少々画面が暗い点はご容赦を。

さて、一般的サルビアとして『FLORA フローラ』SALVIAでは、「英語名SAGE 一年生および多年生植物、それに軟らかい常緑低木からなるシソ科の最大属。生息地は海岸近くから高山地帯にまで及ぶ。およそ九〇〇の属種の半分以上がアメリカ原産。葉はまっすぐに伸びた有毛の茎から対生し、つぶすと芳香を発する。花は筒状で、花弁はまっすぐ、あるいは広がった二枚の唇弁に分かれる。色調は、青~紫、またはピンク~赤で、白色や黄色もある」とあり、我々は英語名セージと呼ぶが、本来はサルビアが正しいようだ。

特にブルーサルビアは、「アメリカ合衆国テキサス州およびニューメキシコ州原産の、人気ある多年生植物。しばしば一年草として扱われる。卵形の葉は緑でつやがある。茎頂に生じる花は、青、紫、白で、粉状の物質を帯びる」とあり、勿論外来種である。

一方、アゲハチョウ科には沢山の種があり、画像に該当するのは、アゲハ Papilio xuthus Linne である。『原色昆虫大圖鑑』では、

「我が国では北海道より九州、更に南西諸島に亙って全国に広く分布。(中略) 関東より中・北部九州にかけての西日本の平地~低山地域では、越冬蛹より羽化した第一化(春型) は三月下旬~五月にかけて出現。(中略) 以後秋期まで連続的に五~六回程度の発生を繰り返す」とある。

「ウメにウグイス」ならぬ「セージにアゲハ」は、現代的花鳥であろうか。

玉鉾コスモス

玉鉾の犀川河川敷には付近住民が丹精して植生したコスモスが群生する。八月中にもちらほら咲き出し、撮影機会を待っていたが、大分咲き揃ってきた九月一四日の画像だ。

コスモスは、秋桜《あきざくら》とも書き、学名はCosmos bipinnatus Cav.である。

cosmosはギリシャ語の「秩序」「飾り」「美しさ」「宇宙」という意味のκοσμοςに由来し、bipinnatusはラテン語で「二重に羽毛（翼）のある」の意である。

二重に羽毛の意味は、『原色牧野植物大圖鑑』に詳しい。

『原色牧野植物大圖鑑』では、

「メキシコ原産、観賞用として栽培される一年草。高さ一・五〜二m。葉は種小名でいう二回羽状。花は秋、茎上部で分枝しその頂きに径六㎝内外の白色または淡紅色、時に深紅色の花を開き、周辺に八個の舌状花、中心に黄色の管状花が多数。和名は学名の属名をそのまま呼び、ギリシャ語で飾るとか美しいという意味で、花が美しいからいう」とあり、周辺の舌状花と中心の舌状花が二重であることを意味しているようだ。尚、学名の最後のCav.は命名者名である。

さて、『石川県石川郡誌』によれば、玉鉾は北は犀川に沿い戸板村と相対する石川郡米丸村の一区であり、玉鉾には野間神社が鎮座する。この神社は豊宇賀能賣命を祀り、元玉鉾神社と称せしを、明治一四年一〇月三一日野間神社と改称した。又、犀川沿岸堤防に、黄櫨《はぜ》の列樹あり。前田利常の時代、治水用として植えられたるものと傳わる。近年老いて枯死するもの多しといえども、季秋に至れば黄葉紅葉頗る美観を呈していたそうだ。

犀川河川敷のコスモスは黄櫨の列樹の伝統を受け継いでいるようだ。

本多町セイヨウフウチョウソウ

本多町には石川県立図書館、石川県立工業高校、遊学館高校があり、遊学館高校隣に鈴木大拙誕生地記念碑、近くには谷口吉生《よしお》設計鈴木大拙館更に老舗の和菓子屋もあり、文教地区に相応しい。加えて、各家の前庭には種々の花が栽植されている。春は木瓜、サクラソウ、夏はバラ・ライラック、秋はキク等写真撮影には打って付けの町だ。九月一七日本多町を散歩していて珍しい花を発見。調べるとセイヨウフウチョウソウだと判明した。

『原色世界植物大圖鑑』では、

「Cleome spinosa L.（英）Cleome（漢）西洋風蝶草

熱帯アメリカに分布する一年草。日本には明治初期に渡来し、観賞用として庭などに栽培される。高さ約一m。茎はよく分枝し、全体に粘毛があり、また小刺が散生する。葉は互生し、掌状複葉、小葉は五～七個、長さ九㎝に達し、長楕円状皮針形、先はとがり、全縁。下方の葉は長柄があり、柄の基部に針状の托葉がある。花は六～九月、枝先に総状花序をつけ、長柄のある紫紅色花を多数つける。種小名はとげの多い、の意」とある。

学名Cleome spinosaについては、「Cleome spinosa—Wikipedia」が詳しい。和訳しよう。とげのある蜘蛛によく似た花と呼ばれるCleome spinosaは、Cleome属顕花植物の一種であり、熱帯新世界原産でアメリカ合衆国、熱帯アフリカ、インド亜大陸、ベトナム、ニューカレドニア及び韓国に齎された。Cleome spinosaはコウモリによって受粉される。

ラテン語で、spinosusは「とげの多い」の意であり、小刺が散生する。針状の托葉が珍しく、毎年咲かせて欲しい花だ。

野町香林寺中秋の名月

九月二一日中秋の名月を撮影しようと金沢で一番相応しい野町香林寺に向かった。

到着するとまだ月は低い位置のため建物の陰で見えず。少し待つと月は東の空に登ってきたが、後述する如く曼殊沙華と満月のコラボ画像は、ほとんど地に這う様な低位置にカメラをセットしなければならない。仕方がないので先ず月を撮影した画像だ。

翌日の新聞では「一五夜と満月が重なった」との記事。そこで、一五夜を検索すると、一五夜とは旧暦の八月一五日であり、二〇二一年は九月二一日」とあり、これは納得。一方、満月については、九月二一日の月齢は一四・一、二二日は一五・一とあり、これでは、二二日が満月かとも思われる。しかし、国立天文台「今月のこよみ」では、二〇二一年九月二一日八：

五五満月と記載されている。月齢は新月（朔）から何日経過したかを表し、「月齢十一の整数部」が旧暦の日付とほぼ一致するので、二一日は一五・一、二三日は一六・一となる。中国暦では伝統的に一五日の夜の月が満月とされる。即ち、満月の月齢はおよそ一三・九〜一五・六の範囲であり、平均では一四・八である。従って、九月二一日は満月となり、一五夜と満月が重なるとの記述は正しいことになる。

三番目の勅撰和歌集『拾遺和歌集』における月の歌を紹介しよう。

題知《し》らず　　　　　　　　　　兼《かね》盛《もり》

終夜《よもすがら》見てを明《あ》かさむ秋の月今宵《こよい》の空《そら》に雲《くも》なからなん

一晩中秋の月を見て、夜を明かそう。今宵の空に、雲がかからないでほしい。

当夜は快晴で、雲がかかる心配の無い中秋の名月であった。尚、兼盛は三十六歌仙の一人平兼盛である。

香林寺曼殊沙華

九月二一日は前述の通り、一五夜と満月が重なった日とのことで、野町香林寺で曼殊沙華と満月のコラボ画像をと思い出掛けた。ところが前節で述べた如く無理で、先ず中秋の名月を撮影した。続いて曼殊沙華単独での撮影となった。その画像だ。

『原色牧野植物大圖鑑』にはヒガンバナとして、本州・四国・九州、および中国の暖帯、温帯に分布し、堤防、基地、路傍などに多くはえる多年草。高さ三〇～五〇㎝。葉はやや厚く光沢があり軟らかい。花後に野生し翌年早春に枯れる。花は秋。有毒植物だが、鱗茎をさらしてでん粉をとり食用にすることがある。和名は秋の彼岸の頃花が咲くからいう。別名は赤花を表す梵語で曼殊沙華と書く。

とあり、ヒガンバナは別名赤花を表す梵語で曼殊沙華とのこと。それでは香林寺の白い植物はヒガンバナ?曼殊沙華?

その回答は、「吉蔵法華義疏第二に『曼殊沙華とは亦天華の名なり。其の色鮮白にして、白きこと能く喩と為すものなし。注経には如意華と云う。諸天の意に随って出生するが故に名と為すなり』(『仏教植物辞典』)」とある。ここで、天華とは天上の花の意であり、曼殊沙華は色鮮白とある。しかも、「曼殊沙華は本邦にてはヒガンバナの一名」ともある。

とすれば、ヒガンバナは彼岸の頃咲く赤いヒガンバナを指す。所が、曼殊沙華は、例外もあるのだが、本来は「色鮮白」であり、香林寺の彼岸の頃花が咲く白い植物は曼殊沙華が正しい。しかし、我が国では、ヒガンバナは赤い花。曼殊沙華は本来の白い花から赤い花をも表すように変容した。従って、白い花のみ曼殊沙華と呼称すれば良いことになる。

金沢神社前ウメモドキ

兼六園随身門から金沢神社前を通ると赤い実の植物が綺麗。これは以前図鑑で調べたことがあったので「ウメモドキ」が一瞬の間をおいて脳裏に浮かぶ。九月二九日の画像である。尚、右にアオサギが入っているのが自慢。但し、小さ過ぎるかもしれないが。

ウメモドキについては、『原色牧野植物大圖鑑』では、「本州・四国・九州の湿地にはえ、庭木や生花用に栽植する落葉低木。高さ二〜三m、細い枝をよく分ける。枝は灰色。枝や葉に短毛がある。葉は長さ四〜八㎝。花は初夏、雌雄異株、葉えきに柄を出し、花径三㎜位、雌花は一〜七花、雄花は七〜一五花。果実は径五㎜位で真赤に熟し晩秋から冬中枝に残り美しい。まれに白や黄色い実もある」とある。

何故、ウメモドキと言うかについては、「ウメモドキの和名は、多くの枝を出す樹姿や葉の形がウメに似ることにちなんでいます（「みんなの趣味の園芸　ウメモドキの基本情報」）」とのことで、花ではなく樹姿や葉が似るためのようだ。

さて、金沢神社には四高校長として人材を輩出させた北条時敬の頌徳碑がある。訓読文で紹介しよう。「先生、考《ちち》の名は條助、其の次子為《た》り、家系は鎌倉北條氏に出ず、（中略）大学卒業の後、身を育英に委《ゆだ》ね、遊宦《ゆうかん》、累進《るいしん》して、高等学校・高等師範・東北大学・学習院等の長を歴任し、従三位に叙せらる。（中略）先生の第四高校長に在職するや、會《たまたま》伊藤公来たり旅館に投《とう》ず、先生書を遺《おく》りて曰《い》う、絃歌侑酒《げんかゆうしゅ》無からんことを、と。（中略）公、後に人に語りて曰く、金沢に北條なる者あり、畏《おそ》る可《べ》し、と（『石碑でめぐる金沢歴史散歩』）」。

伊藤公は伊藤博文であろう。伊藤を畏れさせた北条の碑が金沢神社にある。

文献

牧野富太郎『原色牧野植物大圖鑑』北隆館、一九八二

「ツユクサの花言葉」https://hananokotoba.com/tsuyukusa/

佐佐木信綱編『新訂新訓万葉集』上巻、岩波文庫、一九九八

P.G.J. van Sterkenburg・W.I.Boot・財団法人 日蘭学会監修『講談社 オランダ語辞典』講談社、一九九五

坂本幸男・岩本裕『法華経』(下)、岩波文庫、二〇一三

佛書刊行會編纂『覚禅鈔』佛書刊行會、一九六四

金岡秀友・柳川啓一監修『仏教文化事典』佼成出版社、一九八九

『小立野寺院群—いし曳《びき》の道』金沢市観光政策課、二〇一六

「ススキ—ウィキペディア」https://ja.wikipedia.org/wiki/%E3%82%B9%E3%82%B9%E3%82%AD

牧野富太郎『原色牧野植物大圖鑑続編』北隆館、一九八三

「Miscanthus sinensis—Wikipedia」https://en.wikipedia.org/wiki/Miscanthus_sinensis

「檜扇とは—コトバンク」https://kotobank.jp/word/%E6%AA%9C%E6%89%87-608489

佐竹昭広・山田秀雄・工藤力男・大谷雅夫・山崎福之校注『萬葉集 一』岩波書店、一九九九
小島憲之・新井栄蔵校注『古今和歌集』岩波書店、二〇〇一
『小倉百人一首しおり』任天堂
トニー・ロード、他一二名（小佐田愛子他翻訳）『FLORA フローラ』産調出版、二〇〇五
井上寛・白水隆『原色昆虫大圖鑑』［第一巻］、図鑑の北隆館、一九七四
石川郡自治協会編『石川県石川群誌』臨川書店、一九八五
古里和夫監修『原色世界植物大圖鑑』北隆館、一九八六
「Cleome spinosa—Wikipedia」https://en.wikipedia.org/wiki/Cleome_spinosa
「一五夜とは？」https://www.jalan.net/news/article/482783/
「満月カレンダー（二〇二一年九月）」https://www.arachne.jp/onlinecalendar/mangetsu/
国立天文台「今月のこよみ」https://eco.mtk.nao.ac.jp/cgi-bin/koyomi/monthly_pc.cgi
「月齢カレンダー（解説）」http://koyomi8.com/moonage_doc.html
「満月―ウィキペディア」https://ja.wikipedia.org/wiki/満月
小町谷照彦校注『拾遺和歌集』岩波書店、一九九八

和久博隆編『仏教植物辞典』図書刊行会、一九八二
「みんなの趣味の園芸　ウメモドキの基本情報」https://www.shuminoengei.jp/m-pc/a-page_p_detail/target_plant_code-886
三田良信監修『石碑でめぐる金沢歴市散歩』北國新聞社、二〇一三

第一〇章　一〇月

本多の森公園キンモクセイ

神無月である。古今風から、新古今的な、感覚的美意識を基調とする幽玄とか余情とかいわれる歌風へと急速に移り変わってゆく、その直前に位置する『詩花和歌集』における神無月の歌を紹介する。

題不知　　　　　曾禰好忠

なにごともゆきて祈《いの》らむと思《おも》ひしに神無《な》月にもなりにけるかな

参詣してあらゆることを祈ろうと思っていたのに、神様の留守になる神無月にいつのまにかなってしまったなあ。

一週間程前からキンモクセイの開花を待っていたが、遂に一〇月四日芳香と共に開花を確認した。その画像である。

『原色日本植物図鑑』キンモクセイでは、

「中国原産の常緑小高木で、広く庭木として植栽されている。葉は狭長楕円形、皮質、ほとんど全縁またはごく細かい鋸歯がわずかに先の方に出る。葉柄は長さ七〜一五㎜。葉身は長さ七〜一二㎝、幅二〜四㎝、ギンモクセイに比してやや質うすく、小形で細長く、裏面の細脈はやや不明。花は一〇月、葉腋に束生し、強い香気があり、橙黄色、花冠は四裂し径約五㎜。日本に入っているものは雄株のみである。雄花には二個の雄ずいと先のとがった不完全な雌ずいがあるがみのらない」とある。金沢にキンモクセイの香りを諸処に聞ける季節がやって来た。

中田敏明作詞・小椋佳作曲《金沢市民の憲章の歌　金木犀《きんもくせい》の匂《にお》う道《みち》》三番を紹介しよう。

歩いてみたい
秋が好きだという君と
この街の　金沢の街の
ああ　金木犀の
匂う道
君と　君と

兼六園サンザシ

兼六園の真っ赤に熟す実がなる代表格サンザシを見ることができたのは新型コロナ禍での閉園が明けた一〇月四日であった。

サンザシについて『原色日本植物図鑑』では、観賞用として庭に植えられる落葉低木。中国原産で享保一九年（一七三四）に薬用として朝鮮から渡来した。高さ一～二m。よく分枝し小枝の変化したとげがある。花は春、枝先に散房花序につく。果実は径二cm位、秋に赤色または黄色に熟しがくを残す。和名は漢方で果実を山樝子といい、その音読み。消化を助ける効果があるという。

サンザシは、『失われた時を求めて上』で、「父と祖父は、自分たちが野原の方へ行く小径を登り始めたのに私がついてこなかったので、驚いていたのである。

その小径には、サンザシの匂いがいちめんに立ちこめていた」とあり、兼六園では匂いは感じなかったが、フランス産は香が高いようだ。

一方、和名山樝子は一般的には山査子で、室生犀星は、『哈爾濱《はるぴん》詩集』「山査子」で、

芝居の幕のごとき布垂れ
女は畳一畳の居間にありて
終日淫を粥《ひさ》げり。
笑わんとすれど笑いを失い
哀しまんとすれど哀しみを失い
吾　何をか云い得べき
亦　何をか与えんものぞ。
山査子の実に黒砂糖を打ちかけ
くちびる染めて啻《ただ》に食らえり。

と歌い、北原白秋は、童謡《この道》の作詞四番目で、

あの雲も　いつか見た雲　ああ　そうだよ　山査子の枝も垂れてる

文学に欠かせないサンザシなのである。

梅林シュウメイギク

金沢大学角間キャンパスにも咲いていたのだが、満足な写真を撮れずにいたところ、兼六園梅林に二、三箇所咲いている秋明菊《しゅうめいぎく》を発見。一〇月五日梅林で撮影した画像だ。

『原色牧野植物大圖鑑』シュウメイギク［アネモネ属］（キブネギク）では、

Anemone japonica Sieb. et Zucc.

本州・四国・九州、および中国の暖帯に分布。山野にはえるが観賞用として植栽されている多年草。高さ七〇㎝位、地下茎をのばして繁殖する。根生葉は長柄があり、三出複葉。小葉は径五～七㎝、茎上葉は短柄で単一。花は秋、径五㎝位、外側のがく片は厚く緑色、内部には多数の色のついたがく片が菊花状に平開する。漢名秋牡丹。

和名の秋明菊は、秋にキクに似た明るい花を咲かせることに由来するそうだ。漢名秋牡丹の名が示すように、中国原産の帰化植物であり、特に京都市北部の貴船に多く見られることから貴船菊《きぶねぎく》の別名がある。

「シュウメイギクの花言葉は『薄れゆく愛』『忍耐』。シュウメイギクはキクの仲間ではなくアネモネの仲間になります。アネモネには悲しい伝説があり、シュウメイギクの『薄れゆく愛』の花言葉もそれにちなむといわれます（『シュウメイギクの花言葉』）」とある。

花言葉「薄れゆく愛」にはアネモネの悲しい伝説があるという。ギリシャ神話における、アドニスの流した血から咲いた花がアネモネとも、彼の遺体を見てアフロディーテが流した涙から咲いた花とも伝えられているそうだ（「アネモネの花言葉」）。

アネモネは赤い花を連想するが、『原色牧野植物大圖鑑　離弁花・単子葉植物編』には、紅、緋紅、白、紫色があると記載されている。

出羽町石川県立美術館裏と緑の小径裏ツワブキ

石川県立美術館裏と緑の小径を繋ぐ、所謂裏庭は旧本多家上屋敷の名残であろうか植生が豊富で紫陽花、石蕗《つわぶき》等が季節毎に花を咲かせ、楽しませてくれる。一〇月八日ツワブキの画像だ。

『原色牧野植物大圖鑑』では、

「本州石川・福島県以南・四国・九州・琉球及び朝鮮、台湾、中国に分布し、海岸付近にはえる多年草。園芸品が多く、庭にもよく植えられる。若葉には灰褐色の長毛があるがのちに無毛になる。花は秋、七〇㎝に花茎がのび径三〜六㎝の頭花がつく。和名は、フキに似て葉は光沢があるのでツヤブキの転訛といわれる。食用・薬用に供する」とあり、ツヤブキがツワブキに転訛したようだ。

所で、岩見国の名族吉見氏の滅亡を描いた、『石蕗の花』という歴史小説を紹介しよう。

岩見は山陰道に属し、今の島根県西部浜田市、益田市、津和野町等を含む地域である。一方吉見氏は、源頼朝の弟、義経の兄範頼の子範圓が祖であり、「範頼の後裔上瀬三河守頼見より出づ。其父頼行、異賊襲来の時、能登より岩見に来たる（『姓氏家系大辞典』）」とのことで、岩見国の名族吉見氏となった。

その後裔吉見広行（後に広長と改名）は、関ヶ原の戦いの後毛利家の知行配りに不満を持ち、出奔する。この無断出奔は敵方内通と見なされ、討たれてしまう。岩見吉見家断絶である。「目に見える吉見屋敷は、家屋は解体されたものの、庭はそのまま残っていた。散在する庭石は枯れ草に埋もれていたが、それでも石の側には石蕗《つわぶき》が濃い緑の葉を茂らせていた」。『石蕗の花』の由来である。

尚、「あのとき、毛利の全軍が南宮山を下って内府殿の本陣を襲えば、勝てたものを」との記載もあり、これは重要な指摘。毛利は何故家康本陣を襲撃しなかったのだろうか？

兼六町金城霊沢

いつもの散歩コースにある金城霊沢。金沢百万石まつり前日には「お水取り」が行われる。手前左は黄ショウブなのだが、その華麗さを見ることができない一〇月一三日の画像だ。

『伝説「芋掘り藤五郎」』では、

「金沢の地名起源、つまり砂金を売ったといわれる沢が『金洗沢《かねあらいさわ》』（金堀沢とも）で、兼六園の西の隅にある『金城霊沢《きんじょうれいたく》』です」とあり、金城霊沢の起源である。

一方、芋掘り藤五郎については、養老のころ（七一七頃）加賀石川郡伏見山のふもと山科村伏見の里に山芋掘りをし、それを町に持っていき売って生計をたて暮らしていた藤五郎という若者が住んでいた。和五《わご》との結婚後、藤五郎は相変わらず山芋を掘って生活のかて糧とし、質素ながら平和に暮らしていた。或る日妻から砂金の貴重さを言及され、「あのような砂金は、ワシがいつも山芋掘りしているところにいっぱいあるワイ！嘘だと思うなら、とってきてやるよ！」と翌日藤五郎は言ったとおり、それを少し持って帰りました。はたして、これを沢に持っていって洗ったところ、いっぱいの砂金がキラキラと輝いていた。

その後藤五郎は阿弥陀如来像と薬師如来像を鋳造させ、薬師如来像を寺町寺院群伏見寺《ふしみじ》に安置した。これが伏見寺の本尊と伝えられ、伏見寺には藤五郎の墓がある。

さて、巨大な六六寺院群よりなる寺町寺院群を一部で失礼だが、紹介しよう。

千日山高野山真言宗雨宝院、神明宮、忍者寺で有名な正久山日蓮宗妙立寺、太白山臨済宗寶勝寺、恵光山天台宗西方寺、神照山曹洞宗香林寺、普潤山真宗大谷派光専寺、統一山法華宗立正寺、光顕山時宗玉泉寺、護念山浄土宗玄光院、行基山高野山真言宗伏見寺、大桜で有名な瑞亀山曹洞宗松月寺等出城的風情溢れる寺町寺院群である。

東山一丁目寿経寺ホトトギス

一〇月一五日五四の寺院群を含む卯辰山山麓寺院群探索を目的に天神橋へ向かった。天神橋を渡ると左折する小路があり、直進すると寿経寺がある。

この寺には、『卯辰山山麓寺院群―こころの道』にあるように、安政五年（一八五八）、米価暴騰に苦しんだ庶民が卯辰山から藩主に直訴。暴徒として五人が処刑され、二人が牢死したが、その供養に稲穂を抱いた「七稲地蔵尊」が建立されている。死者の名前を刻んだ石碑もある。

その脇に見慣れない花が咲いている。後で調べるとホトトギスと判明した。

『原色世界植物大圖鑑』ホトトギスでは、「本州関東西南部以西、四国、九州の山地にはえる多年草。茎は直立することもあるが崖から垂れ下がることもある。高さ四〇～一〇〇㎝、開出または斜上する褐色の毛を密生する。葉は長楕円状皮針形で基部は茎を抱き、長さ一〇～二〇㎝、両面に毛がある。九～一〇月、葉えきから普通二～三個の花を上向きにつける。花は経二・五㎝位、ろーと状鐘形内面全体に濃紫斑がある。花被片六個は斜めに開く。雄しべは六個腺毛があり、子房を囲んで立つ。雌しべは先端が三裂し、さらに先が二つに分かれる。和名杜鵑草は花被片の斑点を鳥のホトトギスの胸にある斑点になぞらえて名がついた」とある。

後で分かったのだが、小立野寺院群唯念寺前空き地にもある。金沢の各寺院は寺に良く似合うホトトギスをこぞって移植したようだ。

さて、卯辰山山麓寺院群の全貌を紹介するには紙幅の関係で不可能だが、卯辰山山麓寺院群は光明山浄土宗寿経寺、宇多須神社、妙運山日蓮宗真成寺、光厳山曹洞宗月心寺、木越山真宗大谷派西源寺、具沙門山天台真盛宗来教寺等の寺院群で構成されている。

兼六町大屋愷敆碑

金城麗沢の横に、上部に猪らしき動物が球を載せた石碑がある。一〇月一八日の画像だ。名前について、先ず愷は『角川大字源』に掲載されているが、敆はない。『兼六園全史』には、大屋愷敆《よしあつ》碑と振り仮名があり、地球儀を作ったりしたとある。

『改訂増補加能郷土辞彙』で大屋は、「天保一〇年（一八三九）八月金沢に生まれた。安政元年京都に学び、五年帰国して壮猶館翻訳方となり、地理・歴史の著作もまた少なくなかった」とある。即ち、翻訳の傍ら地球儀も作ったようだ。これで、石碑の丸い球は地球儀だと判明。猪は干支の可能性がある。

一八三九年の干支をネットに頼らず計算式で求めると、二〇二二年の干支は寅であり、次式の通り求める年の西暦を引き算し、これを一二で割ると、整数部分

＋小数部分が求まる。

2022(Ｒ４)寅　(2022-2022)/12＝0＋0/12
2021(Ｒ３)丑　(2022-2021)/12＝0＋1/12
2020(Ｒ２)子　(2022-2020)/12＝0＋2/12
2019(Ｒ１)亥　(2022-2019)/12＝0＋3/12
2018(Ｈ30)戌　(2022-2018)/12＝0＋4/12
2017(Ｈ29)酉　(2022-2017)/12＝0＋5/12
2016(Ｈ28)申　(2022-2016)/12＝0＋6/12
2015(Ｈ27)未　(2022-2015)/12＝0＋7/12
2014(Ｈ26)午　(2022-2014)/12＝0＋8/12
2013(Ｈ25)巳　(2022-2013)/12＝0＋9/12
2012(Ｈ24)辰　(2022-2012)/12＝0＋10/12
2011(Ｈ23)卯　(2022-2011)/12＝0＋11/12
2010(Ｈ22)寅　(2022-2010)/12＝1＋0/12
2009(Ｈ21)丑　(2022-2009)/12＝1＋1/12

そこで、一八三九年を計算して見ると、

1839(Ｔ10)　(2022-1839)/12＝15＋3/12　亥

即ち、整数部分は関係なく小数部分が3/12より、大屋は亥年生まれとなり、石碑は亥年生まれの大屋が地球儀を製作したことを表している。

本多町キク

本多町には、菊を丹精込めて栽培する家がある。その道路に面して植えられた黄色い菊が咲き出した。例年は一一月なのだが、何しろ今年は早い。一〇月一八日の画像だ。

『原色牧野植物大圖鑑』では、

「Chrysanthemum morifolium Ramat. var. sinense Makino

鑑賞用として広く栽植する多年草。茎はやや木質となり高さ一m。花は秋、茎の先で分枝し頭花をつけ、ふつうは周囲に雌性の舌状花、中心に黄色で両性の管状花でともに結実する。古来、栽植し多数の園芸品種が生まれ、大菊、中菊、小菊の別あり、花形の作出系統により更に細分される。和名は漢名菊の音読み。種小名はクワ属のような葉の意」とある。

学名におけるmorifoliumは、ラテン語で、morus「桑」＋—folia「—の葉」を意味する接尾辞（女性形）＝「桑のような葉の」を意味する。ramaleは「木の枝」、sinenseは、ヒマラヤ東部に分布する落葉高木の水青樹《すいせいじゅ》らしい。即ち、学名は、「桑のような葉で木の枝は水青樹の変種を持つ菊」である。

菊の歌を第二の勅撰和歌集『後撰集』で紹介しよう。小倉百人一首で「なにはがた　みじかきあしの　ふしのまも　あはでこのよを　すごしてよとや」で有名な伊勢、

九月九日、鶴《つる》のなくなりにければ　伊勢
菊の上《うえ》に置《お》きゐるべくもあらなくに千歳《ちとせ》の身をも露《つゆ》になすかな

菊に上に置いているわけでもないのに、せっかく「鶴は千年」といわれる身を露のようにはかなく消してしまったことであるよ

菊の上に置いているわけでもないのに身を露のようにはかなく消してしまったことだ。

金沢大学角間キャンパスカツラ黄葉

金沢大学角間キャンパス生協脇の傾斜地には、キャンパス移築前に存在していたのか、移築時に栽植したのかは不明なのだが、カツラの木が多い。、カツラは春の葉が出るのが早く、秋の黄葉も早い。日差しを浴びて金色に輝く一〇月一九日の画像だ。

『原色日本植物図鑑（木本編Ｉ）』カツラでは、「水湿のある渓谷林に生える落葉高木。幹は直立し、大木では高さ三〇m、胸高直径二mにも達する。樹皮は暗灰褐色で、若木では平滑、横長の著しい皮目があるが、老木になると深く縦裂して薄片状に剥離する。短枝を作る。長枝に葉を対生して頂芽が発達しないために、枝は偽二叉分枝となり、鋭角度に斜上するので独特の樹形を作る。葉は長枝ではほぼ対生し広卵形―卵円形、短枝上には一個ずつつき、広卵円形、長さ四―

八㎝、幅三―七㎝、（中略）花は雌雄異株に短枝上につき、早春四―五月頃、葉に先がけて咲く。（中略）［分布］暖帯―温帯：北海道・本州・四国・九州。日本の洪積世から散点的に果実の遺体が報告されている。材は建築、器具、家具、機械、楽器、土木、船舶、彫刻などに広く利用され、樹皮は屋根葺用および染料に、葉は抹香とする」とある。

以前ＳＮＳでカツラ黄葉を投稿したところ、「キャラメルのような甘い香りがしたでしょう」とのコメント。気が付かなかったので、翌日聞いてみたが、無臭。不思議に思っていたが、翌年カツラの葉が地面に多数落下した箇所を通ると、甘い香り。

甘い香りは「カツラの葉に含まれるマルトールという香気成分によります。この香りは新鮮な葉からはせず、乾燥させた葉から放出されることが分かっています（「筑波実験植物園）」とのことであった。

本多町シュウカイドウ

著者の祖母が好きだったと聞いているシュウカイドウが本多町の一角、北向きの空き地奥に咲いていた。一〇月二二日の画像だ。

著者の実家でも西向きの日当たりの悪い場所に咲いていたが、『原色牧野植物大圖鑑』シュウカイドウでは、

［シュウカイドウ属］

Begonia evansiana Andr.

中国原産。庭園に植えられる多年草。特に日陰の湿地を好む。高さ六〇㎝位。地下茎は毎年新しい塊茎を作る。茎は直立し、上方で分枝し軟らかい。葉は互生し、長さ八〜一五㎝。花は秋、雌雄同株。がく片二個は広く、花弁二個は小さく狭い。茎の上の葉えきに無性芽をつける。和名は漢名秋海棠の音読み。ばら科の

カイドウに花色が似て秋に咲くのにちなむ」とある。

　やはり日陰を好むようだ。シュウカイドウを学名で云うとベゴニアになるのだが、『原色世界植物大圖鑑』を見ると、ベゴニアにも色々種類がある。ベゴニア属シュウカイドウ科シキザキベゴニアでは、「ブラジルに自生する多年草。高さ一五～三〇㎝。花は葉えきから次々にでて一年中咲き続ける」とある。金沢市内歩道脇に植えられる四季咲きベゴニアは殆ど地面に匍うようなイメージだが、ブラジルでは、高さが大きい物では三〇㎝もあるとのこと。

　一方、カイドウを『原色世界植物大圖鑑』で見るとミカイドウに（カイドウ）とあり、ばら科ミカイドウに相当するようだ。ミカイドウでは、「中国に自生する落葉小高木。花は三～四月、枝先に散形花序をつ径三～四㎝の淡紅色五花弁の花を三～七個開く」とあり、カイドウは春の花であり、シュウカイドウは秋に咲くカイドウなのだ。

本多の森公園ソヨゴ

一〇月二六日、本多の森公園国立工芸館横に赤い実のなる木を発見。秋から冬に赤い実を付けるソヨゴ（冬青）と判明。ソヨゴは常緑樹の植物で、冬でも青々とした葉が茂っていることからこのような漢字があてられたといわれている（「GreenSnap」）。とのことだが、冬青と書いてソヨゴとは読めない。中国語・韓国語でも該当しない。

『原色牧野植物大圖鑑』ソヨゴでは、

「本州中部以西・四国・九州、および台湾、中国に分布し、やせた山地にはえる常緑低木又は小高木。高さ三m内外、枝は灰色で無毛。葉は長さ四〜八㎝やや光沢がある。花は初夏、雌雄異株、雄花は多数、雌花は単生。和名はそよぐの意で葉が風に吹かれてザワザワ音をたてることから。伊勢地方で一名フクラシバという。材は強じんなので玩具に用いる」とあり、戦《そよ》ぐ意味だ。

従って、ソヨゴを漢字で「戦」と書くそうです（「みちくさ図鑑」）との投稿もある。即ち、冬でも青々している葉の木はソヨゴだけではないことより、「具柄冬青」とも云うそうで、ソヨゴの漢字表記は「戦」・「具柄冬青」もしくは「冬青」が正しいことになる。

一月であったかＳＮＳで凍った赤い実が垂れ下がった画像を提示し、「これは何の実ですか？」と書かれていたのを発見。著者は、「ソヨゴの実でしょう」と返信して、翌日金沢市役所前にあるソヨゴの実を確認に行った所、黒い実が垂れ下がっていた。「はてな」と思ったのだが、ＳＮＳではソヨゴの黒い実の画像があり、「黒く熟すと野鳥に食べられる（「ソヨゴ／そよご／冬青」）」と記載されている。

纏めると、ソヨゴは赤いまま凍る事もあるのだが、一般的には熟すると黒（藍）色の実となる。赤い実のまま凍り、綺麗な色を保って欲しいと思うのは著者の独善であろうか。

石川四高記念公園横モミジバフウ（アメリカフウ）

旧四高グラウンド横のアメリカ楓、ここの紅葉も早い。快晴の一〇月二八日、縦長の方が様になるのだが、故あって横長で撮影した画像だ。

『日本山野草・樹木生態図鑑』アメリカ楓について、「落葉高木。成長期間四～一〇月。北アメリカ原産で大正年間に渡来したといわれ、公園や街路樹として植えられる。【成形】幹は高さ二五m位になる。葉は長さ約一〇㎝の葉柄があり、枝先にややかたまってつく。葉身は径約一五㎝で掌状に五～七裂し縁には細かい鋸歯があり、裏面の脈腋に毛叢がある。花期四月。さく果（集合果）は球状で下垂する。若い枝にはコルク質の稜を生じる特性がある。葉は秋に美しく紅葉する」とある。

さて、第四高等学校前史で道済館まで紹介したが、

その続きを『金沢大学五〇年史』で、
一八七〇「大学規並中小学規則」が発表され、仙石町旧明倫堂、経武館の地に藩立中学西校、出羽町巽御殿の地に藩立中学東校が開校された。所が、一八七一年廃藩置県が断行され、藩立中学校は廃校となり、中学西校と中学東校を合併し、金沢中学校を開校した。

その後石川県・富山県・福井県・新潟県による第四高等中学校発足が検討され、地方負担額として石川県一〇七九四円、富山県二九二一円、福井県二四二二円、新潟県六三六一円が強いられた。結局明治二〇年（一八八七）、森文部大臣の隣席を得て柏田盛文初代校長のもと第四高等中学校が開校された。

明治二七年（一八九四）高等学校令が公布され、第四高等中学校は第四高等学校と名称変更された。第四高等学校の発足である。

明治期の金沢が生んだもっとも著明な教育者北条時敬校長時代、四高の基礎が確立され、溝淵進馬《しんま》校長時代最盛期を迎えたそうだ。

文献

川村晃生・柏木由夫・工藤重矩校注『金葉和歌集　詞花和歌集』岩波書店、一九九六
北村四郎・村田源『原色日本植物図鑑（木本編Ⅰ）』、保育社、一九七九
林弥栄・古里和夫『原色世界植物大圖鑑』北隆館、一九八六
マルセル・プルースト（鈴木道彦・編訳）『失われた時を求めて上』集英社、一九九二
室生犀星『室生犀星詩集』岩波文庫、二〇一に
牧野富太郎『原色牧野植物大圖鑑』北隆館、一九八二
「シュウメイギクの花言葉」https://rennai-meigen.com/shuumeigiku-hanakotoba/#i
「アネモネの花言葉」https://hanatama.jp/anemone-coronaria.html#i-11
牧野富太郎『原色牧野植物大圖鑑　離弁花・単子葉植物編』北隆館、一九九七
平川弥太郎『石蕗の花』文芸社、二〇一八
太田亮『姓氏家系大辞典』第三巻、角川書店、一九六三
邑田仁・米倉浩司編『ＡＰＧ原色牧野植物大図鑑Ⅰ』北隆館、二〇一二
本光他雅雄『伝説「芋掘り藤五郎」』石川県歴史博物館、一九八八
『寺町寺院群―静音の小径』金沢市観光政策課

『卯辰山山麓寺院群―こころの道』金沢市観光政策課

兼六園全史編纂委員会編『兼六園全史』兼六園観光協会、一九七六

日置謙『改訂増補加能郷土辞彙』北国新聞社、一九七九

片桐洋一校注『後撰和歌集』岩波書店、一九九九

『小倉百人一首のしおり』任天堂

「筑波実験植物園」http://www.tbg.kahaku.go.jp/recommend/illustrated/result.php?p=1&mode=easy&list=jname&ruby=ka&name=%E3%82%AB%E3%83%84%E3%83%A9#:~:text=%E7%A7%8B%E3%81%AB%E3%82%AB%E3%83%84%E3%83%A9%E3%81%AE%E6%9C%A8,%E3%81%93%E3%81%A8%E3%81%8C%E5%88%86%E3%81%8B%E3%81%A3%E3%81%A6%E3%81%84%E3%81%BE%E3%81%99%E3%80%82

「GreenSnap」https://greensnap.jp/article/8922

「みちくさ図鑑」https://mitikusazukan.com/?s=%E3%82%BD%E3%83%A8%E3%82%B4

「ソヨゴ／そよご／冬青」https://www.uekipedia.jp/%E5%B8%B8%E7%B7%91%E5%BA%83%E8%91%89%E6%A8%B9-%E3%82%B5%E8%A1%8C/%E3%82%BD%E3%83%A8%E3%82%B4/

沼田眞監修・浅野貞夫・桑原義晴編『日本山野草・樹木生態図鑑』全国農村教育協会、一九九〇
金沢大学五〇年史編纂委員会編『金沢大学五〇年史通史編』金沢大学創立五〇周年記念事業後援会、二〇〇一

第二章　二月

兼六園雪吊り

毎年十月末になると唐崎松等の雪吊りが施される樹木に芯柱が立てられる。以前兼六園事務所々員に「芯柱が立てられたのだから雪吊り作業を開始するのか」と問いかけたところ「雪吊り作業は一一月一日から」との返事であった。一一月一日一二時二分の画像だ。

唐崎の松の雪吊りは「りんご吊り」という手法で進めるられる。「りんご吊り」の由来は、「明治初期に栽培されたリンゴは西洋リンゴで、立ち枝が勢いよく伸びるため、リンゴがたわわに実ると枝折れが頻繁に発生しました。その枝折れ対策に用いられたのが、木の中心に柱を立てて縄で枝を吊るという方法です。雪吊りで行う『りんご吊り』は、その手法が良く似ているところから、この名で呼ばれるようになったといわれています（『庭木の手入れと雪吊り』）」とある。

雪吊りには、『りんご吊り』の他に、幹の上部に直接吊り縄を結び、下枝を吊る「幹吊り」、三本、又は四本の支柱を等間隔に立てて縄を吊る「竹又吊り」、低木の枝を縄でしぼり上げて、枝折れを防ぐ「しぼり」手法がある。

又、低木類に行う防寒・防雪法としては、枝を縄で軽くしぼってゆわえ、かぶせるように支柱を三本立てる方法。こもやむしろ等ですっぽりと囲ってしまう方法もある。

「兼六園の雪吊り」では、唐崎松は、高さ一〇m、枝張り二六m、幹回り二・八m。芯柱はアテ丸太五本（最大高さ約一四m）。藁縄（荒縄）は径六、八㎜の縄を（五〇～二〇〇本）／芯柱、合計八〇〇本を使用とのこと。

兼六園全体では、りんご吊り（唐崎松、巣籠もり松他）五四本、幹吊り（根上松、播州松他）六〇本、その他（ツツジ他）七〇〇箇所の雪吊りが施されるそうだ。

金沢大学角間キャンパスアメリカフウ

石川四高記念公園横アメリカ楓を紹介済みだが、金沢大学角間キャンパス現理工学域（旧理学部）横はアメリカ楓と黄色の銀杏が混在し正に秋色、一一月一日の画像だ。前・後者共自生ではなく、移植された樹木だ。尚、新型コロナ禍で金沢大学附属図書館中央図書館外来者入館禁止のため角間キャンパスを訪れず、撮影機会を逃したのだ、画像の手前には、秋に綺麗な花を咲かせるクズがある。これは自生であろう。

さて、四高全盛期を前述したが、その後を『金沢大学五〇年史通史編』で紹介しよう。

戦後当初、金沢城址の旧軍施設ならびに、敷地についての利用計画が様々な機関から提案されてきた。その中で、準備委員会で成案を得た「北陸総合大学設立要項」が昭和二三年（一九四八）文部省に提出された。文部省からは局長が来沢し、金沢城址その他関係施設を視察した。北陸総合大学名称は却下されたようで、同年地元の「北國毎日新聞（現在の北國新聞）」で「金沢大学　文部省決定八月頃か」と報道された。

教官スタッフ、教授の陣容は着々と固められていき、昭和二四年（一九四九）五月三一日金沢大学は発足した。七月二五日に第一回入学式が行われたが、城内の旧兵舎の改装が完工していなかったため、ただちに夏期休業とし、同年九月一日に授業が開始された。尚、第一回入学式迄に初代学長は選出されず、紆余曲折の後戸田初代学長が任補されたのは九月二二日であった。

昭和二五年（一九五〇）三月三一日四高は終焉の日を迎え、四高門柱に金沢大学理学部という門柱が掛かった。著者はお城の金沢大学教養部と、宮守坂を下りた旧四高教室で学んだ。

我が家前コギク

大きな菊は手入れが大変なようで、妻は小菊を植えたのだろう。その小菊が咲き揃ってきた。旧明治天皇誕生日（明治節）、現在文化の日である一一月三日の画像だ。

『カラー版　花の歳時記』では、「小菊の祖は『油菊』である」とのことで、『改訂版原色牧野植物大圖鑑』アブラギクを参照しよう、

近畿地方以西、四国、九州、琉球列島、および台湾、中国に分布。日当たりのよい山麓にはえる多年草。地下茎は横にはう。茎は下部がやや倒れて高さ三〇～六〇㎝。葉は長さ三～五㎝。下面に軟毛。花は秋から初冬、頭花は径二・五㎝位。外周に一列に黄色の舌状花が並ぶ。ときに白花のものもある。和名油菊《あぶらぎく》

は花を油に漬け薬用とするのに基づく。
とあり、黄色が主らしい。我が家では赤も混じっているが栽培種だけに混在も不思議ではない。

さて、第四番目の勅撰和歌集『後拾遺和歌集』での菊の歌を紹介しよう。清少納言の父で、『小倉百人一首』では「ちぎりきな　かたみにそでを　しぼりつつ　すゑのまつやま　なみこさじとは」で知られる清原元輔、

天暦御時御屏風に、菊《きく》を翫《もてあそ》ぶ家《いえ》ある所《ところ》をよめる　清原元輔
うすくこく色《いろ》ぞ見《み》えける菊《きく》の花露《はなつゆ》や心をわきて置《お》くらん

薄くも、また濃くも、花の色が見えることだ。菊の花よ。露が分けて隔ての心を持って置いたせいだろうか。

屏風絵に、菊《きく》の花咲《さ》きたる家《いえ》に鷹据《たかす》ゑたる人宿借《ひとやどか》る所《ところ》をよめる　大中臣能宣朝臣
かりに来《こ》ん人に折《お》らるな菊《きく》の花うつろいはてむ末《すゑ》までも見《み》む

西部緑地公園マユミ

兼六園には真弓坂がある。『カツラ　マユミ』には、「マユミの赤い実が可愛い。マユミは真弓と書く。真弓坂を上って半分くらいの左側にある」と書いてある。

所が、現在真弓坂の中程にはマユミは無く、ニシキギが十月頃だったか小さい実を一、二個つけた程度で同じニシキギ属ではあるが、マユミとは程遠い。その後、偶々西部緑地公園を散策中、産業展示館四号館から古府に抜ける道路を挟む一角、即ち平成の森園地と呼ばれる地点に丸くなく、小さなカボチャ型をした赤い実を発見。マユミである。一一月四日の画像である。

『原色世界植物大圖鑑』マユミでは、

「[ニシキギ属]（ヤマニシキギ）

日本各地、およびサハリンや南朝鮮に分布。山野に普通にはえる落葉低木ないし小高木。小枝は緑色であるがときどき黄褐色を帯びる。多くは縦に白いすじがある。葉は長さ六〜一五㎝無毛。花は初夏、前年の枝から長さ三〜六㎝の集散花序にまばらにつき花径八㎜位、雌雄異株。和名真弓《まゆみ》は昔、材で弓を作ったことに由来する」とある。

マユミは確かに木が反り返った様な形で、余り綺麗でない。これが原因で、過去にはあったマユミ枯死等の際、真弓坂にマユミを植えず、ニシキギに落ち着いたものと推量する。

その後、平成の森園地内を良く調べると、赤い実は無かったが樹皮の型から類推して、マユミと思われる木が沢山あることに気付いた。中には、兼六園真弓坂に相応しいと思われる綺麗な木も存在する。一度兼六園事務所々員には平成の森園地を訪れて欲しいものだ。

この画像をＳＮＳに投稿したところ、「私の名前と同じ」というコメントをくれた人に場所を教えたのだが、分かったかどうか心許ない。平成の森園地ですよ。

下新町泉鏡花記念館

大手町周辺を歩いたので、泉鏡花記念館はと思い探すと、久保市乙剣宮前通りにこじんまりとした建物の記念館があった。一一月五日、趣のある玄関と泉鏡花の銅像及び紅葉が進んだドウダンツツジの画像である。

ここは、鏡花が幼少時代を過ごした生家跡に建つ建物であり、パンフレットには、「幼い頃に母を亡くした鏡花。明治、大正、昭和にかけて、亡母憧憬を基底とする浪漫と幻想の世界を紡ぎ出し、いつしか浪漫主義文学の大家と称えられ、また天才とも謳《うた》われた鏡花の〈芸術の使徒〉原点は、加賀象嵌《かがぞうがん》の彫金師を父として、そして能楽師の娘を母として生まれ育った、この金沢の地にあります」とある。

鏡花の作品は手元に沢山ある。代表的傑作として『滝の白糸』の原作である『義血侠血』を読んでみよう。

「滝の白糸、その手練の水芸は、殆《ほとん》ど人間業《にんげんわざ》を離れて、すこぶる驚くべきものなりき」とのことで、四方の金主は莫大な給金を払うようになっていた。白糸は高岡片原町村越欣《むらこしきん》弥《や》の東京遊学の扶持《ふち》すべき所帯主の身となり、欣弥の半年の学資を懐に蔵めていた白糸は、出刃包丁で脅され奪われてしまう。

白糸は公園地内の六勝亭と呼べる席貸《せきがし》に惘然《ぼうぜん》と入り込む。「偸児《どろぼう》！」と叫んだ男を懐なりし出刃は男の胸をば、柄《つか》も透《とお》れと貫き、その内儀をも一突《ひとつき》きする。

公判は金沢地方裁判所にて開廷。検事代理村越欣弥は白糸を殺人犯として起訴、裁判長は白糸に死刑を宣告す。

「一生他人たるまじと契《ちぎ》りたる村越欣弥は、遂《つい》に幽明《ゆうめい》を隔てて、永く恩人と相見るべからざるを憂いて、宣告の夕《ゆうべ》寓居の二階に自殺してけり」。「途方もなさ」と解説にある悲劇なのである。

片町きらら前クリスマスツリー

この場所は、現在香林坊に移転した大和デパートがあった地である。当時の大和デパート屋上には遊園地があり子供達で賑わっていた。デパート移転後「片町きらら」が誕生した。この前の広場には街角ピアノも置かれ、若者によるライブ演奏も行われているようだ。この広場に金沢では一番早いクリスマスツリーが飾られる。一一月一一日の画像だ。

さて、クリスマスの起源は次章で述べるとして、本章ではクリスマスツリーの起源を『図説　クリスマス全史』で探索しよう。

「古代のヨーロッパでは祝祭に樹木を用いる慣習があった。異教徒たちは樹木で冬至を祝い、ケルトのドルイドたちはオークの木を飾って神々を称えた。ローマのサトゥルナリア祭では、ロウソクなどで樹木を飾りつけ、太陽神の像を置く習わしがあった。キリスト教にしても、この祝祭の木の習慣を奨励したという伝説がふたつ残っている」とある。

ひとつ目は、ドイツ人の使途である聖ボニファティウスが異教のシンボルであるオークの木を切り倒し、子どもを生贄に捧げる儀式を止めさせたという話。二つ目は、クリスマスの飾り付けとして常緑樹を家庭に持ち込んだのはマルティン・ルターだとするものだ。

誰が最初にクリスマスツリーを飾ったせよ、この慣習は一八世紀にザルツブルグ周辺で大いに流行《はや》り、一七五五年には辺の森林での常緑樹の伐採が禁じられたほどだったという。

日本ではキリスト教信者が少ないにも拘わらず、何故クリスマスツリーを飾り、ケーキを買い、クリスマスイヴに期待を寄せる慣習が根付いたかというと、第二次世界大戦の敗戦後に小売業者が目を付け、近代化、理想の豊かさ及び新たな家族形態を祝う日として定着させたようだ。

兼六園山崎山周辺紅葉

兼六園山崎山は紅葉の名所。山崎山では、木が大きく成長し過ぎのため仰ぎ見なければならないのだが、旧石川県立美術館、現石川県立伝統産業工芸館横は絶好の撮影ポイント。一一月一二日レンガ塀横からの紅葉の画像だ。

先ず山崎山だが、別名は紅葉山。「この地は、昔山崎村の山林であったところである。山腹には京都御室御所の古塔を模した五重塔が立ち、山の背後の凹地は藩政時代に氷室のあった跡である（『兼六園全史』）」とあり、山崎村由来だ。

一方レンガ塀については、「兼六園内に建つ明治四二年に皇太子行啓の際に建設された煉瓦塀（「金沢伝統建築設計」）とあり、何故このようなレンガ塀が現存するのだろうか。

『石川縣史』では、「皇太子嘉仁親王は、御成婚後第十年、明治四十二年九月を以て石川縣の行幸を仰せ出されたり」とあり、後の大正天皇が石川県を行幸された。皇太子は二三日石川県入りし、「金澤驛に御著あらせられたるは、午後四時三十分にして、（中略）列を整え、列外諸員之に續き、五時七分御旅館に定められたる成巽閣に入らせ給う」とのことで、宿舎は成巽閣であった。

このため現在はほとんど紅柄の塀となっているのだが、皇太子行幸の際成巽閣の周囲三〇〇mは赤レンガで囲まれた（「一部だけ残されたレンガ」）。その後レンガ塀は殆ど撤去されたが、石川県立伝統産業工芸館横だけは残ったという訳だ。

『後拾遺和歌集』での紅葉の歌を紹介しよう。

永承四年内裏歌合によめる　能因法師

あらし吹《ふ》くみ室《むろ》の山の紅葉《もみぢ》ばは竜田《たつた》の川《かわ》の錦《にしき》なりけり

有名な小倉百人一首である。

広坂ふるさと偉人館ギンモクセイ

キンモクセイは例年並みだったのだが、ふるさと偉人館前のモクセイ（ギンモクセイ）の開花は遅かった。一一月一六日の画像だ。

『原色樹木大圖鑑』におけるモクセイ（ギンモクセイ）では、

「【原産地】中国。【分布】本州西南部、四国、九州に栽培が多い。【自然環境】暖地に栽培される常緑小高木。【用途】花に香気があるため庭園に植える。【形態】幹は高さ五ｍ、直径三〇ｍに達し、樹皮は灰白色、平滑、枝は淡褐色で無毛、分枝多く、葉を密に茂らせる。（中略）花には雄しべ二個と雌しべ一個があるが、機能的には雌雄異株。日本ではすべて雄株で、雌しべは縮小している。【特性】大気汚染に弱く、葉は茂るが花はつかなくなる。」とある。

金沢は大気汚染が進行していないようだが安心は禁物。所で、ふるさと偉人館には沢山の金沢ゆかりの偉人が顕彰展示されていて、庭には高峯譲吉と木村栄《ひさし》の胸像がある。

『日本近代現代人名辞典』によると高峯は、安政元年（一八五四）加賀藩典医の高峰元陸の長子として越中高岡に生まれる。藩校明倫堂で学び、明治二七年（一八九四）日清戦争勃発の年、麹から強力消化剤タカジャスターゼを精製した。明倫堂は各地にあったのだが、加賀金沢藩明倫堂出身である。

木村は、Z項を発見した天文学者。明治三年（一八七〇）加賀国石川郡泉野村（現金沢市泉野町）に篠木庄太郎の子として生まれ、同七年木村民衛に養子となる。水沢緯度観測所長時代経度λの地点での緯度変化Δφのなかには各観測所に共通な、極運動によらない年周成分が含まれていることを一九〇二年に指摘し、

$$\Delta\phi = x\cos\lambda + y\sin\lambda + Z$$

という新しい実験式を提唱した。この最後の項をZ項または木村項という（『天文・宇宙の辞典』）。

鈴木大拙館横サザンカ

鈴木大拙館の草木は、ユキヤナギ等白色の花の木が多いが、横の緑の小径に通じる道沿いにはサザンカが植えられている。開館時よりはその本数が減少しているのだが、それでも陽に輝くサザンカを一一月一七日撮影した。

第二章で略述した『原色牧野植物大圖鑑』の記事詳細は、「[ツバキ属] 四国・九州・琉球の日当たりのよい山地にはえ、中国にも分布、観賞用に庭園に栽植されることが多い常緑小高木。樹皮は灰褐色で滑らか。若枝、葉柄、葉裏の脈上は有毛。葉は互生し、長さ三〜七㎝。花は晩秋、平開しのち花弁はばらばらに散る。野生では白色だが園芸種は種々の色がある。種子から油をとる。カタシは南九州の方言。漢名茶梅」とある。

さて、大拙は『禅と日本文化』について論述している。講演をもとに英文で著されたものを翻訳刊行したもので、北川桃雄訳で紹介しよう。

知的作用という外側のものに向かわずに、心がその注意を内部に向ける時、一切は空からでて、空に帰することを知覚するのである。

又、

禅は外眼には妖《あや》かしに見える表面の虚飾一切を切棄てた真理として、その存在を救うために貴重な遺産を含む文献一切を破却しうる。しかし、禅は嵐に裂れ泥にまみれた、つまらぬ草の葉を崇めることをけっして忘れぬ。あるがままなる野の花を三千世界の仏陀に捧げることをけっして怠らぬ。禅は軽視することを知るがゆえにまた敬うことを知る。他のいかなるものともおなじく、禅に必要なのは心の誠実であり、そのたんなる概念化や物理的模倣ではない。

「色即是空。空即是色」の世界である。

大手町寺島蔵人邸紅葉

寺島蔵人邸は紅葉の名所だ。兼六園より遅く紅葉真っ盛り一一月二五日の画像だ。満天星《どうだんつつじ》は春には白い可愛いい花を咲かせるのだが秋には真っ赤に紅葉する。

『原色牧野植物大圖鑑』では、「[ドウダンツツジ属] Enkianthus perulatus C.K. Schn.

本州伊豆半島以西・四国・九州の山地の蛇紋岩地などにまれにはえ、生垣や庭木として栽植する落葉低木。多数分枝し高さ四～六m。葉は長さ二～四cm。花は春、新芽と同時に枝先に長さ一～二cmの花柄を数個出し、下垂して開く。さく果に毛はなく上向き。和名は灯台《とうだい》ツツジの意味で分枝の形が結び灯台の脚に似ていることに由来する。秋の紅葉は美しい。種小名は鱗片のある意」とある。尚、enkianthus perulatusはドイツ語でFruhbluhende prachtglocke、即ち「早咲きの華麗なる鐘」の意だ。

『武家屋敷寺島蔵人邸』では、

「寺島蔵人《くらんど》（一七七七〜一八三七）は、禄高四五〇石の中級武士として加賀藩に仕え、高岡町奉行、改作奉行、など主に藩の農政、財政方面の実務を歴任した。文政七年（一八二四）一二代藩主前田斉広《なりなが》が有能な藩士を抜擢し、教諭方という藩政改革のための親政機関を設置すると蔵人もその一員に加えられたが、その年斉広の急死により教諭方も解散した。蔵人は手腕家であると同時に生来、思いやり深く正義感の強い人であったため、斉広死去後の藩の重臣の政治に納得が行かず、これと対立し、文政八年役《やく》儀指除《ぎさしのぞき》、天保八年（一八三七）能登島流刑となり、その年同地で波乱に満ちた生涯を閉じた。蔵人は画家としても知られ、王梁元《おうりようげん》、応養《おうよう》と号し、秀作を多数遺している」とのこと。

現代でもよくある話。波乱に満ちた寺島蔵人であった。尚、大手町の家は幸運にも残ったようだ。

注

中村草司『カラー図解でよくわかる庭木の手入れと雪吊り』金園社、一九九九
「兼六園の雪吊り」http://www.pref.ishikawa.jp/siro-niwa/new/ivent/yukituri.htm
金沢大学五〇年史編纂委員会編『金沢大学五〇年史通史編』金沢大学創立五〇周年記念事業後援会、二〇〇一
居初庫太『カラー版　花の歳時記』淡交社、一九八六
久保田淳・平田喜信『後拾遺和歌集』岩波書店、二〇〇一
『小倉百人一首』任天堂
牧野富太郎『改訂版原色牧野植物大圖鑑』北隆館、一九九六
林弥栄・古里和夫監修『原色世界植物大圖鑑』北隆館、一九八六
城森順子『カツラ　マユミ』兼六園研究発表論文集　第一号、兼六園研究会、一九九二
『泉鏡花記念館』泉鏡花記念館
泉鏡花『外科室・海城発電他五篇』岩波文庫、二〇一〇
タラ・ムーア（大島力日本語版監修・黒木章人訳）『図説　クリスマス全史―起源・慣習から世界の祝祭となるまで』原書房、二〇二一

兼六園全史編纂委員会編『兼六園全史』兼六園観光協会、一九七六
「金沢伝統建築設計」https://www.kdenken.co.jp/results/20191129-9/
『石川縣史』第四編、石川県図書館協会、一九七四
「一部だけ残されたレンガ」https://kaikarou.exblog.jp/12444227/
林弥栄・古里和夫・中村恒雄監修『原色樹木大圖鑑』北隆館、一九九九
臼井勝美・高村直助・鳥海靖・由井正臣『日本近代現代人名辞典』吉川弘文館、二〇〇一
天文・宇宙の辞典編集委員会『天文・宇宙の辞典』恒星社厚生閣、一九八六
安達忠次『ベクトル解析』培風館、一九六九には、円柱座標でベクトルAのr成分
$A_r = \cos\theta A_x + \sin\theta A_y$とあるが、無関係。
牧野富太郎『原色牧野植物大圖鑑』北隆館、一九八二
鈴木大拙（北川桃雄訳）『禅と日本文化』岩波新書、二〇〇六
『武家屋敷寺島蔵人邸』寺島蔵人邸

第三章　三月

香林坊アトリオクリスマスツリー

金沢市民は香林坊の商業施設をアトリオ（atorio）と言っているが、英語名はatrio（アッリオ）。atrioを『研究社新英和大辞典』で調べると、「(心) 房、前房」の意の連結形：atrionector 洞房結節。とある。どうも医学用語らしいのだが、イタリア語ではどうだろうか。『新伊和辞典』では、atrioとして、①柱廊形式をとった玄関わきの部屋。②【古ロ】ローマの建物の中央の大広間。③教会の入り口にある控えの間。④【解】心房、心耳。

『羅和辞典』によれば、atriumとして、1大広間。2居間。3応接間。4御殿。5【医】前房。6玄関の間、控室。7住宅、家。8【医】房とあり、控室の意味もあるのだが、建物の中央の大広間の意と思いたい。その大広間の形が房、前房に似て

料金受取人払郵便

富山西局
承認

310

差出有効期間
2024年
3月10日まで
切手をはらずに
お出し下さい。

郵便はがき

930-0190

(受取人)

富山市北代3683－11

桂　書　房 行

下記は小社出版物ですが，お持ちの本，ご注文する本に○印をつけて下さい。

書名	本体価格	持っている	注文	書名	本体価格	持っている	注文
定本 納棺夫日記	1,500円			スペイン風邪の記憶	1,300円		
童話 つららの坊や	1,000円			地図の記憶	2,000円		
越中五箇山 炉辺史話	800円			鉄道の記憶	3,800円		
黒部奥山史談	3,000円			有峰の記憶	2,400円		
孤村のともし火	1,200円			おわらの記憶	2,800円		
二人の炭焼、二人の紙漉	2,000円			散居村の記憶	2,400円		
とやま元祖しらべ	1,500円			となみ野探検ガイドマップ	1,300円		
百年前の越中方言	1,600円			立山の賦－地球科学から	3,000円		
富山県の基本図書	1,800円			富山地学紀行	2,200円		
古代越中の万葉料理	1,300円			とやま巨木探訪	3,200円		
勝興寺と越中一向一揆	800円			富山の探鳥地	2,000円		
明智光秀の近世	800円			富山の祭り	1,800円		
加賀藩の入会林野	800円			千代女の謎	800円		
越中怪談紀行	1,800円			生と死の現在(いま)	1,500円		
とやまの石仏たち	2,800円			ホイッスルブローアー＝内部告発者	1,200円		
石の説話	1,500円			富山なぞ食探検	1,600円		
油桐の歴史	800円			野菜の時代－富山の食と農	1,600円		
神通川むかし歩き	900円			立山縁起絵巻 有頼と十の物語	1,200円		
越中文学の情景	1,500円			長い道	1,900円		

愛読者カード

このたびは当社の出版物をお買い上げくださいまして，ありがとうございます。お手数ですが本カードをご記入の上，ご投函ください。みなさまのご意見を今後の出版に反映させていきたいと存じます。また本カードは大切に保存して，みなさまへの刊行ご案内の資料と致します。

<table>
<tr><td>書　名</td><td colspan="2"></td><td colspan="2">お買い上げの時期
年　月　日</td></tr>
<tr><td>ふりがな</td><td colspan="2"></td><td rowspan="2">男
女</td><td rowspan="2">西暦
昭和　　年生　歳
平成</td></tr>
<tr><td>お名前</td><td colspan="2"></td></tr>
<tr><td>ご住所</td><td colspan="4">〒　　　TEL.　　（　　）</td></tr>
<tr><td>ご職業</td><td colspan="4"></td></tr>
</table>

お買い上げの書店名　　書店　　都道府県　　市町

読後感をお聞かせください。

いて、医学用語心房に変わったようだ。

尚、アトリオは著者の同窓生が設計した四階吹き抜けの建物で、北国金沢に明るさと華麗さを演出している。この香林坊アトリオにおけるクスマスツリーを一二月一日撮影した。

さて、クリスマスの起源を『図説　クリスマス全史』で繙こう。「ローマ帝国では、一二月の冬至前後の数日間に農神サトゥルヌスを祭る収穫祭であるサトゥルナリア祭を催していた。三世紀、初期教会の教父たちはこの祭りをキリスト教の冬の祝日として取り入れることにし、その日を一二月二五日に定めた」とある。但し、イエス・キリストが何年の何月何日に生まれたのか、実際のところは分かっていない。そこで、ローマの教会は冬至をイエスの誕生日とし、夏至にあたる六月二四日を洗礼者ヨハネの誕生日としたとのことである。

本多町鈴木大拙館

一二月三日快晴の金沢、本多町を散策中撮影した鈴木大拙館の画像だ。直線的な建物と明鏡止水を表す池で構成されている。設計は谷口吉生であり、彼の父は次節で述べる室生犀星碑を設計した谷口吉郎《よしろう》である。この直線的ミュージアムは外国人に人気で新型コロナ以前は外国人の来訪が絶えなかった。吉生は次に述べる「事事無礙法界《じじむげほっかい》」を具現化したのかもしれない。

澄観《ちょうかん》は、中国華厳宗の第四祖とされる僧であり、『華厳経疏』（正蔵三六）で「四法界（真理の世界）」を提唱した。即ち、

事法界《じほっかい》　万有の事象にして生滅現象である。

理法界《りほっかい》　万有の理性にして真如空寂である。

理事無礙法界《りじむげほっかい》　生滅の事象は真如の理体より縁起せられたものなるが故に、理は事を礙《さまた》げず、事は理を礙げ

ず。

事事《じじ》無礙《むげ》法界《ほっかい》　一即多・多即一にして、一の中に多があり、多の中に一が在るという相即相入して相礙げざるが如しとの見方である。

具体的には理事無礙法界は、「一は即ち多、多は即ち一」であり、事事無礙法界は「ものごとは一つ一つお互いに異なっているのではなく、融けあっている、決してお互いに排除しあうものではなく、融けあってとどこおりがない」を意味する（「澄観―ウィキペディア」『望月仏教大辞典』『華厳経』『楞伽経』「四法界―新纂浄土宗大辞典」『唯識・華厳・空海・西田』）。

大拙はこの華厳思想に心酔し、『霊性的日本の建設で』、「差別即平等、平等即差別と云うよりも、事事無礙法界と云う方がよい。前者は理事無礙法界に相当するが、それだけでは法界の実相に徹しない嫌いがある。（中略）「事事無礙に突入することによりて、東洋思想の絶巓《ぜってん》に攀《よじのぼ》ったと云える」と力説した。

川上除町室生犀星碑

室生犀星碑は谷口吉生の父谷口吉郎の設計である。一二月三日本多町から川上除《よけ》町迄足を伸ばして撮影した画像だ。

吉郎は現石川県立伝統産業工芸館、旧石川県立美術館の設計にも携わったのだが、『谷口吉郎建築作品集』では「犀川の杏の碑」と題して次の様に記載されている。

「その詩人（室生犀星著者注）が昭和三七年になくなられた。その詩心を慕い、郷里金沢に文学碑が建てられることになり、私は碑の設計に関係することになった。建設の予定地は鏡花、秋声の碑がたっている卯辰山だったが、犀川の川べりが、生家や養家の雨宝院という寺に近いので、その川岸が選定された。犀川大橋から川上へ四〇〇メートルばかり、桜と柳の並木道を歩くと、二〇坪ほどの空地があり、すぐわきに犀川が川音をたてている。その清流は犀生の詩にうたわれ、小説や随筆に美しく描写されているので、私はその川にちなんだ形の碑を設計したいと考えたが、なかなか構想がまとまらない。思いなやんだあげく、私は幼少の頃、母が「流し雛」を犀川に流したのを思いだし、それをテーマにしたいと思った」。とのことで、

あんずよ　　花着け
地ぞ早に輝け　　あんずよ花着け
あんずよ燃えよ　　ああ　あんずよ花着け

の碑が完成した。

「ふるさとは遠きにありて思うもの／そして悲しくうたうもの／よしや／うらぶれて異土の乞食《かたい》となるとても／帰るところにあるまじや（『室生犀星詩集』）」―孤独の中にあって人の世のもろもろの人間くささを歌いつづけた犀星の歌碑である。

我が家内シクラメン

我が家の出窓に咲くシクラメン。昨年咲いたシクラメンは未開花のため、新たに購入したシクラメン、一二月四日の画像だ。

『改訂版原色牧野植物大圖鑑合弁花・離弁花編』でシクラメンは、

「Cyclamen persicum Mill

西南アジア原産。観賞用として主に鉢植として温室に栽培される多年草。扁球形の塊根が半ば地中に埋まり、葉は群生し、肉質で厚い。花は冬から早春、一五～二〇㎝の花茎を出し、一花を下垂して開く。様々な花色のものを始め多くの園芸品種がある。和名は花の形がかがり火を思わせるから。ブタノマンジュウは塊茎からの連想」とある。

和名は篝火花《かがりびばな》であり、豚《ぶた》の饅頭《まんじゆう》は塊茎由来のようだ。尚、ラテン語Persicumは「Persiaの」の意味だ。

かの有名なレオナルド・ダ・ヴィンチはオダマキとシクラメンを非常に愛していた。自身の手稿の余白をシクラメンで飾っていたそうだ（『歴史の中のシクラメンは『深い愛の花』』）とあり、古来は「アルプスのスミレ」と呼ばれ、好まれていた様だ。

従って、シクラメンに関する伝説では、「草花を好んだソロモン王が王冠に花のデザインを取り入れようと思い、様々な花と交渉するが断られ、唯一承諾してくれたシクラメンに感謝すると、シクラメンはそれまで上を向いていたのを、恥ずかしさと嬉しさのあまりにうつむいてしまった、というものがある。これは、シクラメン（カガリビバナ）がやや下向きに花をつけることが多いことに基づいた伝説であり、この花の花言葉が『内気なはにかみ』とされているのはそのことによると考えられる（「シクラメン―ウィキペデイア」）」とのことだ。

金沢市役所ショウジョウボク（ポインセチア）

一二月になると金沢市役所正面玄関に季節の花が飾られるようになったのは四、五年前だったろうか。今年も綺麗に飾り付けられているのに気が付き撮影した一二月六日の画像だ。

『原色牧野植物大圖鑑』ショウジョウボク（ポインセチア）では、

「Euphorbia pulcherrima Willd.

（＝Poinsettia pulcherrima Graham）

メキシコ原産。観賞用に温室で栽培され、冬に切花として好んで使う常緑低木。茎は熱帯では高さ二～三m。葉は互生、枝先の葉は節間がつまって輪生状。花は冬、包が花弁化する。短日植物で早く操作をすれば秋のうちに赤くなる。和名は赤い小総包を花の顔に見立て、顔の赤い猩々にたとえたもの。種小名は非常に美しい意」とある。ラテン語pulcherは美しいの意で、pulcherrimaは優級女性形。

猩々《しょうじょう》は、能の曲目であり、中国、揚子《ようず》の里に住んで酒を売る高風《こうふう》（ワキ）のもとへ、いつもの如く猩々（シテ）が訪れて酒盛をする。秋の夜、潯陽《しんよう》の江をわたる浦風に誘われて舞（中ノ舞）に興じ、汲めども尽きぬ酒壺を高風に与える。シテは下《さが》リ端《は》の囃子で登場、シテと地謡とによるリズミカルな渡り拍子の謡があり、舞へと導く。本曲は、中ノ舞の代わりに乱《みだれ》という特殊な舞を舞を演出する例が少なくない。その場合独立した曲として扱い、曲目も〈猩々乱〉または〈乱〉と記す。シテの扮装は赤頭《あかがしら》・赤地鉢巻・赤い襟・赤地箔《はく》（着付《きつけ》）・緋《ひ》の大口・赤地腰帯《こしおび》・赤地唐織《からおり》（壺折《つぼおり》に着る）・赤い童扇《わらべおうぎ》と、すべて赤一色に統一される（『能楽大事典』）。

赤い髪を振り回す舞は能であったか、歌舞伎であったかは定かではないが、見たことがある。全身赤だ。ショウジョウボクの由来である。

金沢市役所前花時計ハボタン

金沢市役所前の花時計、シーズン毎に季節の花が飾られる。、一二月六日葉牡丹が飾られていたので撮影した画像だ。

金沢市内の歩道脇にも、プランターに季節の花が植えられるのだが、冬場は適当な花がなく葉牡丹が植えられる。

『原色牧野植物大圖鑑離弁花・単子葉植物編』ハボタンでは、

「キャベツと母種を同じくする変種であり、冬の間の生花用や、花壇に広く栽培される越年草。茎は著しく太く、直立し表面に葉痕が残る。高さ二〇～六〇cm。葉は広く大きい。茎の頂部に数十葉を相接してつける。秋から冬にかけては、紅紫あるいは淡黄または白色を帯びて美しい。春に花茎を伸ばし、淡黄色の花をつける。和名葉牡丹は葉の集まりをボタンの花に見立てた名」とある。ハボタンとキャベツはいずれもアブラナ科アブラナ属で、強いて言えばキャベツはアブラナ野菜だそうだ。

さて、金沢市役所正面玄関右横に旧レンガ造り庁舎の絵が飾られているように、私の学生時代にはレンガ造り庁舎は現存していた。『金沢市史』を繙こう。明治一三年（一八八〇）金沢町連会から金沢区会が制定され、金沢小学師範学校の明倫堂（現在の梅林付近）を議場として金沢区会が開かれた。明治一七年（一八八四）広坂通りに区役所移転。明治二二年（一八八九）市制施行。大正一一年（一九二二）金沢市役所旧庁舎落成。これが絵のレンガ造り庁舎であり、昭和五五年解体撤去された。

現在の新庁舎は、窓口センターが昭和三三年から四七年竣工。本館は昭和四六年竣工、新館は昭和五六年竣工とのこと（『金沢の市制』）である。

現在の広場にあった旧庁舎が懐かしい。

金沢大学角間キャンパスヤマシロギク（シロヨメナ）

冬枯れの金沢大学角間キャンパスで何か咲いていないかと散策した一二月九日、白い花を発見。図鑑で調べるとシロヨメナ。

『原色牧野植物大圖鑑』ヤマシロギク（シロヨメナ）［シオン属］では、「本州・四国・九州および台湾の日当たりのよい山地にはえる多年草。高さ三〇～一〇〇㎝。イナカギクに似るが茎の下部は無毛。葉は茎を抱かない。葉はざらつき、上面は光沢がある。花は秋、総包片は暗紫色を帯びる。和名山白菊《やましろぎく》。別名シロヨメナはヨメナに似て花が白い意。または芽立ちの茎が赤みを帯びないからこう呼ぶ。漢名野粉団児を慣用」とあり、秋咲きの花が初冬にも咲いていた訳だ。尚、シオン属はキク科被子植物の属の一つである。

さて、金沢城址で発足した金沢大学だが、その後キャンパス問題専門委会で、城内だけでなく、大学全体の敷地問題について検討することになった。移転候補地としては、「神谷内・月浦地区」「角間・奥卯辰地区」「金川地区」「三小牛・内川地区」の四候補地が提示された（『金沢大学五〇年史通史編』）。

検討の結果、角間地区が「造成後の有効面積、標高差、取得の可能性から候補地になりうると判断され、昭和五七年（一九八二）度に三億円の移転用地取得費が予算化された。

その後、昭和五九年（一九八四）一〇月に総合移転整備事業建設工事起工式が行われた（『金沢大学創基一五〇年史』）。平成元年（一九八九）には第Ⅰ期総合移転として文・法・経済の三学部の移転が完了し、平成一〇年（一九九八）度には「第Ⅱ期整備事業調査経費」が計上され、平成一六年（二〇〇四）薬学部、平成一七年（二〇〇五）工学部、平成二二年（二〇一〇）がん研究所の移転が完了、移転計画の全てが終了した。

福梅

金沢は菓子処。年始には欠かせない福梅。一二月九日店頭に並び始めた小出《こいで》製福梅の画像だ。

包装を開けると栞が入っていた。栞には、「丁寧に炊き上げた小豆の風味と、美味しさを引き立たせる香ばしい梅鉢状の最中種との絶妙な取り合わせ。当時、新春の茶席に献上され、加賀藩前田家の家紋『剣梅鉢』を模して、正月菓子として金沢城下に広まったとされています。風味と気品あふれる金沢を伝える銘菓です」とある。

『金沢市史（現代篇）』では、寛永年間前田利常が越中井波から菓子師を召し、香林坊で加賀の落雁を初めて売らせたが、この井波屋は明治になり衰えた。また、家柄町人森下八左衛門は小堀遠州の書いた長生殿の字（篆書《てんしょ》）を墨型《すみがた》落雁にして売り出した。これが現在の森八の長生殿である。

又、寿煎餅《ことぶきせんべい》は石川屋の製する銘菓であった。石川屋は石川弥一郎が明治初年に創業したが、これも歴史が古く、天正年間藩祖利家が金沢に入城した時、庶民が亀甲煎餅を作って献上した例により名付けたという。

一方、正月用の菓子で、明治生まれの人になつかしいのは蓬莱饅頭で、今の最中の前身と言うべき黒い粒あんの入ったものがあったようだ。尚諸江屋発行の『加賀百万石―「歴代の菓子」』では、明治三年年間御献立覚えよりの菓子として福梅が列挙されている。前述の蓬莱饅頭かもしれないが、正月用菓子の伝統は明治に始まっていたようだ。

尚、森八一二代森下八左衛門は犀川上流の水力発電を計画。八左衛門らは明治三一年（一八九八）金沢電気株式会社を発足させ、同三三年辰巳発電所から出力二四〇キロワットで送電し、金沢市とその近郊で電灯を初めてともした（『三百八十年の夢　千年の夢―加賀藩御用菓子菓子司のあゆみ―』）そうだ。

梅林ナンテン

兼六園梅林には南天が二、三本あり、綺麗な赤い実がなる。随身門手前には千両があり、満両と共に良く似ている。しかし、ナンテンの実は多く、しかも垂れて一層あでやかだ。一二月一五日の画像。

『原色牧野植物大圖鑑離弁花・単子葉植物編』ナンテンでは、

関東南部地方以西、四国、九州、および中国、インドなど暖帯に分布。山林中にはえ。観賞用に庭にも栽植する常緑低木。束生し高さ一〜二m、材は黄色。葉は互生し茎頂に集まり、秋に紅葉する。花は初夏、ときに白実のシロナンテン、まれに淡紫実のフジナンテンがある。果実は薬用となる。和名は漢名の南天燭や南天竹からついた。

とある。ナンテンは昔から薬用植物として健胃、解熱、鎮咳などに使われていて、特に、のど飴が有名。主成分はドメスチンと呼ばれるアルカロイドで、せきを鎮める効果がある（「薬草に親しむ―ナンテンは何点?」）。

ナンテンは薬効と共に、「難転」、すなわち「難を転ずる」に通ずることから、縁起の良い木とされ、鬼門または裏鬼門、あるいは便所のそばに植えられた。福寿草と葉牡丹と一緒にした正月用の鉢植えにして床の間に飾り、「災い転じて福となす」ともいわれる。また、江戸期の百科事典『和漢三才図会』には「南天を庭に植えれば火災を避けられる」とあり、江戸時代はどの家も「火災除け」として玄関前に植えられた。赤い色にも縁起が良く厄除けの力があると信じられ、江戸後期から慶事に用いるようになった。

更に、ナンテンの箸を使うと病気にならないという言い伝えや、贈答用の赤飯にナンテンの生葉を載せているのも、難転の縁起に起因するそうだ（「ナンテン―ウィキペディア」）。

兼六園フユザクラ

兼六園板橋近くにある冬桜、一二月上旬に咲いていたかもしれないが、気が付いた一二月一五日の画像だ。

『原色樹木大圖鑑』フユザクラでは、

「【分布】北海道西南部、本州、四国、九州の暖帯から温帯に植栽される。【自然環境】マメザクラとヤマザクラの雑種ともいわれる園芸品種で、人家に近い日あたりのよい所に植栽される落葉小高木。【用途】庭園、公園の花木。【形態】樹皮は灰褐色で小枝は細い。葉は倒卵状広楕円形、先は短く尾状にとがり、基部はやや円形、縁に単および重きょ歯があり、先はとがる。表面はやや毛が多く、裏面には散生する。（中略）【特性】陽樹。排水のよい肥沃地を好むが、やや乾燥地でも育つ。樹勢は中程度。暖地では冬の間も花が少しずつ咲く。【学名】種小名parvifoliaは小形葉の、の意味で、別名を小葉桜とも呼ぶ」とあり、れっきとした桜の一品種である。
所で、兼六園には徽軫灯籠前の虹橋、花見橋、板橋等があり、特に、板橋は中央で板を横に繋いだ構造のため、池に落ちる人がいるといわれる橋である。又、『兼六園全史』には、「このあたりはカキツバタの咲く頃の風景が特に見所があり、伊勢物語の『東下りの段』を偲ばせるところである」とのこと。早速『伊勢物語』（九段）を参照しよう。

むかし、おとこありけり。（中略）三河《みかわ》の国《くに》、八橋《やつはし》という所にいたりぬ。そこを八橋《やつはし》といいけるは、水ゆく河の蜘蛛手《くもで》なれば、橋《はし》を八《や》つわたせるによりてなむ、八橋《やつはし》といいける。

第四章で紹介済みだが、そこでかきつばたという五文字を句の上にすえて、「唐衣《から(ころも)》きつゝなれにしつましあればはる〴〵きぬる旅《たび》をしぞ思《おもう》」と読む。

嫁坂スイセン

出羽町から嫁坂へ下る道の石引一丁目の先端にスイセンが咲いている。嫁坂に降りてしまうと上方のため、石引一丁目の先端で下から覗き込むように撮影した一二月二二日の画像だ。

『APG原色牧野植物大図鑑I』では、

「[スイセン属]

Narcissus tazetta L. var.cinensis M.Roem. (N.tazetta L.)

地中海沿岸の原産、日本へは中国から伝来したものと思われ、関東地方以西の暖地の海岸近くに群生する多年草。観賞用として庭に栽培される。高さ二〇～三〇㎝。葉は多肉質である。花は真冬、芳香がある。園芸品種に八重咲きと寒心緑花がある。和名の水仙は漢名の音読み。属名はギリシャ神話の青年の名で泉に映った自分の姿に恋して死に、この花が咲いたことからいう」とある。

ギリシャ語でναρκισσοςはスイセン、ラテン語Narcissusは、Cephisusのむすこであり、同名の花（スイセン）となった。narcissusは自己陶酔する人、ナルシシスト（narcissist）の語源である。

さて、嫁坂は『金沢古蹟志（上）』では、「元禄六年の士帳に嫁ケ坂とあり。今はよめざかと呼べり。國事昌披問答に云う。或る老人の物語に、篠原出羽の娘を本庄主馬方へ嫁娶せし時、此の坂を新たに作り広げ、此の道より婚禮あり。依レ之嫁坂と名付くと也。真偽を知らず。此の坂其の以前は、通路有りなしの細道なるを作り開きし由也。主馬屋敷は今石浦新町の末足軽町也。此の頃大乗寺坂は未だ無レ之哉」とある。

出羽町を散歩中女子高校生の行列に遭遇し、ある生徒に「嫁坂を知っているか」と聞くと「知らない」と言っていた嫁坂である。

広坂石亭前門松

石亭前に門松が飾られるようになったのは改築後であろう。今年も年末に門松が飾られたので一二月二九日撮影した画像だ。

『古事類苑』では、

門松ハ、歳首松ヲ門前ニ立テ、飾トスルヲ云フ、故ニ後ニハ又之ヲ、松飾トモ称セリ、而シテ歳尾ニ之ヲ立テ、正月七日ニ之ヲ撤スルヲ以テ、元日ヨリ此日マデヲ松ノ内ト称ス、然レドモ或ハ十五日ノ爆竹ニ至ルマデ之ヲ存歳スルモノアリ。注連飾ハ、注連縄ニ、譲葉、穂長草等ヲ挿ミタルモノニシテ、之ヲ神棚、門戸等ニ施シ、以テ清浄ノ意ヲ表ス、其之ヲ用ヰル日限ハ門松ニ同ジ、

とある。尚、爆竹について、「爆竹はサギチャウト云ウ、左議長ハ注連縄、扇等ノ飾ヲ施シタルモノニシ

テ、之ヲ爆シテ病魔を畏慴《いく》セシムルニ起因スト云ウ」とのことで、葉竹を四傍に竪て、之を焼いたようだ。

一方、はじかみ神主のブログ「正月行事・金沢のしきたり再発見!」では、「松の内といえば、普通は七日までとしていますが、金沢では一五日までとなっています。石川県では昔は門松を飾らず、その代わりしめ飾り(注連飾り)を玄関にしつらえました。門松は藩政期では拝領松の家柄に限られて許されていたので、町民も農民も飾れなかったのです。現在ではそんなことはありませんが…」とのこと。

即ち、藩主から松を拝領された家にだけ門松が許されたようだ。最近東の茶屋街では、ナンテンと稲穂の先に緑と紅白の水引を垂らした松飾りが登場、松ケ枝町でも一軒だけ飾られていた。はじかみ神主が言うように町民も農民も飾れなかった門松は変容し、松飾りとしてその伝統が残ったのかもしれない。但し、今は門松を立てるのに遠慮はいらない。

文献

小稲義男編代表『研究社新英和大辞典』研究社、一九九三
野上素一編『新伊和辞典』白水社、一九九一
田中秀央編『羅和辞典』研究者、一九八六
タラ・ムーア（大島力日本語版監修・黒木章人訳）『図説　クリスマス全史―起源・慣習から世界の祝祭となるまで』原書房、二〇二二
谷口吉生『私の履歴書―谷口吉生』淡交社、二〇一九
谷口吉生監修『谷口吉郎建築作品集』淡交社、二〇一九
「澄観―ウィキペディア」https://ja.wikipedia.org/wiki/%E6%BE%84%E8%A6%B3
望月信亨『望月仏教大辞典』第一巻、世界聖典刊行協会、一九五四
中村元『華厳経』『楞伽経』東京書籍、二〇〇五
「四法界―新纂浄土宗大辞典」http://jodos
竹村牧男『唯識・華厳・空海・西田―東洋哲学の精華を読み解く』青土社、二〇二一
鈴木大拙『鈴木大拙全集第九巻』『霊性的日本の建設』岩波書店、二〇〇〇
室生犀星『室生犀星詩集』岩波文庫、二〇一二

愛読者カード

このたびは当社の出版物をお買い上げくださいまして，ありがとうございます。お手数ですが本カードをご記入の上，ご投函ください。みなさまのご意見を今後の出版に反映させていきたいと存じます。また本カードは大切に保存して，みなさまへの刊行ご案内の資料と致します。

書　名		お買い上げの時期 年　月　日	
ふりがな		男 女	西暦 昭和　年生　歳 平成
お名前			
ご住所	〒　TEL.　(　)		
ご職業			

お買い上げの書店名　書店　都道府県　市町

読後感をお聞かせください。

郵便はがき

料金受取人払郵便

富山西局
承　認

742

差出有効期間
2026年
6月30日まで
切手をはらずに
お出し下さい。

930-0190

（受取人）

富山市北代3683－11

桂　書　房　行

下記は小社出版物ですが，お持ちの本，ご注文する本に○印をつけて下さい。

書　名	本体価格	持っている	注文	書　名	本体価格	持っている	注文
定本 納棺夫日記	1,500円			スペイン風邪の記憶	1,300円		
長い道	1,900円			地図の記憶	2,000円		
越中五箇山 炉辺史話	800円			鉄道の記憶	3,800円		
孤村のともし火	1,200円			有峰の記憶	2,400円		
二人の炭焼、二人の紙漉	2,000円			おわらの記憶	2,800円		
百年前の越中方言	1,600円			散居村の記憶	2,400円		
富山県の基本図書	1,800円			蟹工船の記憶	2,400円		
古代越中の万葉料理	1,300円			となみ野探検ガイドマップ	1,300円		
勝興寺と越中一向一揆	800円			立山の賦ー地球科学から	3,000円		
明智光秀の近世	800円			富山地学紀行	2,200円		
加賀藩の入会林野	800円			とやま巨木探訪	3,200円		
越中怪談紀行	1,800円			富山の探鳥地	2,000円		
とやまの石仏たち	2,800円			富山の祭り	1,800円		
石の説話	1,500円			千代女の謎	800円		
油桐の歴史	800円			生と死の現在（いま）	1,500円		
神通川むかし歩き	900円			ホイッスルブローアー＝内部告発者	1,200円		
ためされた地方自治	1,800円			富山なぞ食探検	1,600円		
棟方志功 装画本の世界	4,400円			野菜の時代ー富山の食と農	1,600円		
悪の日影	1,000円			立山縁起絵巻 有頼と十の物語	1,200円		

牧野富太郎『改訂版原色牧野植物大圖鑑合弁花・離弁花編』北隆館、一九九六
「歴史の中のシクラメンは『深い愛の花』」https://www.cyclamen.com/ja/consumer/find-out-about-cyclamen/cyclamen-stories/flower-of-love-flower-of-art
「シクラメン―ウィキペディア」https://ja.wikipedia.org/wiki/%E3%82%B7%E3%82%AF%E3%83%A9%E3%83%A1%E3%83%B3
牧野富太郎『原色牧野植物大圖鑑』北隆館、一九八二
小林責・西哲生・羽田昶『能楽大事典』筑摩書房、二〇一二
金沢大学五〇年史編纂委員会編『金沢大学五〇年史通史編』金沢大学創立五〇周年記念事業後援会、二〇〇一
金沢大学創基一五〇年史編纂部会『金沢大学創基一五〇年史』北國新聞社、二〇一二
金沢市史編さん委員会『金沢市史（現代篇）』下、金沢市、一九六九
六代諸江吉太郎『加賀百万石―［歴代の菓子］』落雁諸江屋、一九九四
古河昌子編集企画室編『三百八十年の夢　千年の夢―加賀藩御用菓子司のあゆみ―』森八、二〇〇六
牧野富太郎『原色牧野植物大圖鑑離弁花・単子葉植物編』北隆館、一九九七

金沢市史編さん委員会編『金沢市史』資料編一一　近代一、一九九九
『金沢の市制』
「薬草に親しむ―ナンテンは何点?・」http://www.eisai.co.jp/museum/herb/familiar/nanten.html#:~:text=%E5%AE%9F%E3%81%AF%E3%80%81%E4%B9%BE%E7%87%A5%E3%81%97%E3%81%9F%E6%9E%9C%E5%AE%9F%E3%81%AF,%E7%82%B9%E6%BA%80%E7%82%B9%E3%81%AE%E6%A4%8D%E7%89%A9%E3%81%A7%E3%81%99%E3%80%82
「ナンテン―ウィキペディア」https://ja.wikipedia.org/wiki/%E3%83%8A%E3%83%B3%E3%83%86%E3%83%B3
林弥栄・古里和夫・中村恒雄『原色樹木大圖鑑』北隆館、一九九九
兼六園全史編纂委員会『兼六園全史』兼六園観光協会、一九七六
堀内秀晃・秋山虔校注『竹取物語　伊勢物語』岩波書店、一九九九
邑田仁・米倉浩司編『APG原色牧野植物大図鑑I』北隆館、二〇一二
森田平次『金沢古蹟志（上）』歴史図書社、一九七六
吉川圭三『古事類苑』天部・歳時部、吉川弘文館、一九六九

「正月行事・金沢のしきたり再発見！」https://ameblo.jp/hajikamijinja/entry-10406132720.html

おわりに

二〇二一年を通して花を主とした金沢紹介を書くことができた。兼六園梅林には種々の梅があり、これを写真に収めていたが、単に一枚の写真よりスライドショーにと思い、スライドショー・ソフトで編集したのが切っ掛けである。これが一月、二月と貯まってみると、今度は一年間の写真集として上梓することを思い立ち、一件四〇〇字詰め原稿用紙二枚で纏めてみた。

前著桂新書『七尾「山の寺」寺院群—豊かなるブッディズムへの誘い』では、「著者の論文だ」との意見もあったので、本著『金沢の景二〇二一—花を主として』では、写真の解説と文献の紹介に終始した。従って今回は、「文献引用が多過ぎる」との意見も出ることを覚悟した著作である。御容赦の程お願い致したい。

資料請求に快く応じて頂いた金沢大学附属図書館中央図書館・石川県立図書館・金沢市立玉川図書館・金沢市立泉野図書館司書に感謝すると共に、個人宅玄関前での花の写真撮影に快諾して頂いた方々にお礼を申し上げます。

更に、新型コロナ禍の中、本書出版の労を執って頂いた桂書房代表勝山敏一さんに謝意を表します。

二〇二三年九月残暑厳しき金沢にて

酢谷琢磨

筆者略歴
酢谷琢磨（すたに　たくま）
昭和一九年（一九四四）石川県生まれ。金沢大学工学研究科修士課程修了。九州大学博士（工学）。金沢工業大学准教授退職。現在は石川郷土史学会会員。石川郷土史に関する論文多数。
http://www.ne.jp/asahi/t-sutani/homepage/index.html
著書『磁気工学ハンドブック』（共著）、朝倉書店、1998
『七尾「山の寺」寺院群―豊かなるブッディズムへの誘い』、桂書房、2022

桂新書19
金沢の景二〇二一
―花を主として
定価　一、八〇〇円＋税
二〇二三年一〇月二五日　第一刷発行
著　者　© 酢谷琢磨
出版者　勝山敏一
印　刷
製　本　株式会社 すがの印刷
発行所　桂　書　房
〒九三〇-〇一〇三
富山市北代三六八三-一一
TEL（〇七六）四三四-四六〇〇
FAX（〇七六）四三四-四六一七
地方・小出版流通センター扱い

ISBN978-4-86627-142-2